世界はすでに破綻しているのか？

高城　剛

世界はすでに破綻しているのか?　目次

第3章 デトロイトに見る、アメリカの未来

はじめに

2008年10月、ロンドン。曇り空の午後

本書を書こうと思ったきっかけは、リーマン・ショックのさなかに体験した強烈な出来事にある。

２００８年のあの当時、世界的金融の中心地であったロンドンに僕は住んでいた。そこはナイツブリッジという高級住宅街で、ひとつ角を曲がれば、ロンドンを代表するようなブランドストリートが続いている場所だった。高級ブランドのショップが軒を連ねるきらびやかなその街は、いわゆる金持ち連中が暮らす、最も「安全な」エリアでもあった。

事件が起きたのは、同年10月のある曇り空の午後のことだった。街を歩く僕の耳に、突然、乾いた銃声と人々の悲鳴が聞こえてきたのだ。いったい、何が起きたのかと近づいてみれば、通りの３００m先には、血まみれで横たわる人々の姿がある。鳴り止まない銃声に倒れる者、散り散りに逃げ惑う者、わけもわからぬまま恐怖の叫び声を上げ続ける者。ロンドンで最も安全だったはずの街は、「ここはいったい、どこの戦場なのか」と思わせるような地獄絵図に一変したのだ。

身の危険を感じてその場を立ち去った僕は、このとき、「通り魔が銃を乱射したのだろう」としか思っていなかった。

翌朝、目覚めてみれば、あらゆるニュースのトップを飾っていたのは、やはりこの出来事だった。そして、僕の目には信じられない言葉が飛び込んできた。「高級住宅街に住む法廷弁護士が、自宅の窓から銃を乱射した」と。

件の弁護士は、金融業界に多くの友人を持つエリートであり、もちろん富裕層であった。普通に考えれば、銃を乱射することなどあり得ないアッパークラスの生活をしている層だ。

しかし、彼はリーマン・ショック直後に、投資の失敗が原因で一夜にして全財産を失ったという。そして、高級レジデントの2階の窓から、通りを行く罪なき人々に向け、無差別に銃弾を浴びせ続けたのだ。

「金は人を狂わす」とはよく言うものだが、僕はあの日、あの場所で、まさに正気を失っていくその姿をライブ中継のように見てしまったのである。

リーマン・ショック後、一瞬で街の空気が変わった

この衝撃的な出来事があった2008年の秋から冬にかけて、ロンドンの風景は一変する。

それまで、高級住宅街の路上には見たことのないような高級車がずらりと停められ、あたかもモーターショーのような光景が広がっていたが、リーマン・ショックの到来がショーに終わりを告げたかのように、それらの高級車はすべて質素な小型車や電気自動車へと姿を変えていった。

一瞬にして空気が変わり、僕はその豹変のスピードにロンドナーの素晴らしさを感じ

ていた。ご存知かもしれないが、「英国病」といわれるほど、長きにわたって〝不況〟という病を患っていたイギリスという国は、もともと「質素な暮らし」をすることに慣れている国でもある。そのため、リーマン・ショックによってバブル経済がはじけた後にも、イギリス人は何のためらいもなく、素早く質素な暮らしへと戻っていけるのだ。

しかし、この変化についていけず、右往左往する人々もロンドンには多くいた。ロシアや中東などからやってきた新興財閥や移民たち。バブルで荒稼ぎし、派手に豪遊する暮らしに慣れ切っていた、いわゆる成金層だ。

彼らは、ひたすらパニックに陥った。それまでダイヤの埋め込まれた1000万円もする携帯電話を見せびらかしていた連中は、この急激な変化の波に呑み込まれ、僕の前から次々と姿を消していった。なにしろ、街中の空気が一変し、昨日まではプレミア価格で手に入れていたような高額ブランド商品が、今日は7割引きで叩き売りされているような状況だったのだ。いつもならクリスマスの終わりまで行われないセールが1カ月近くも前倒しになり、3カ月先まで予約の取れなかった高級レストランではキャンセルが相次ぎ、そして、わずか数カ月の間に閉店に追い込まれた有名店も少なくなかった。

2007年に1ポンド250円近かったポンドと円の為替相場は、約1年で半分近くまで下落したのだ。

この時期、僕はニューヨークのグランドセントラル駅構内に、液晶モニターのクリスマスツリーを作る仕事を手がけていた。奇しくも、金融の中心であり、震源地であるふたつの街、ニューヨークとロンドンを往復する生活をし、同じように変化していく街の様子を目の当たりにすることになる。

ニューヨークの街中では、「バーニーズ」などの高級デパートが真冬にもかかわらず、なぜか海水パンツを叩き売りしている不可思議な光景に出合った。ロンドンのデパート「ハロッズ」でも3シーズン前の在庫まで持ち出して叩き売りをしていたが、どちらも一気にすべて売りさばいてしまわねばという危機感を持っていることが透けて見えたのだ。このような光景は、数カ月前には誰も想像だにしなかったろう。

「我々が疑いもせずに信じてきた社会システムや資本主義は、いつか必ず崩壊する」。

僕はこのとき、それを肌で実感したのだった。

イギリス人の〝質素な暮らし〟に目覚めた

　ロンドンに戻った僕は、イギリス人から質素な暮らしを学んだ。本物のイギリス人は、余裕のある者でも、必要以上に高い高級スーパーで野菜を買うようなことは決してない。地元の公園で開催されるファーマーズ・マーケットなどで、おいしくて新鮮で安全な野菜を生産者から「安く」購入することが当たり前なのだ。高級スーパーで見かけるのは、外国人や成金層ばかりだということに、そのとき初めて僕は気づいた。

　当時、「高給取りの外国人クリエイター」というポジションにあった僕は、イギリスの一般市民より、むしろ派手に豪遊する成金外国人と交流する機会が多かったが、ここから僕は完全にイギリス流の質素な暮らしというものに目覚めていくことになる。

　日本のバブル崩壊とともにクリエイターとして伸びてきた僕は、もともと不況には強いタイプだと実感していた。

　学生時代はバブルの真っただ中にあり、青田買いを狙ういくつものマスコミや広告代理店から引きも切らない誘いと接待を受け続ける日々を過ごした。誰もがそんな時代であったし、僕の場合は学生ながら（時には隠しながら）、映像製作やライターの仕事を引き受け、自分の作品が賞を取るなどもしていたためか、〝将来有望な学生〟という扱いで、接待攻勢も激しさを増していくばかりだった。当時から就職する気などは更々なかったが、毎日のように企業から高級レストランに連れ出され、バラまかれたタクシーチケットを使って、仲間と一緒にスキー場まで出かけることもあった。「面白い話をしてくれたら10万円払う」「１００万円出すから、どこか好きな外国に出かけて数ページの記事を書いてほしい」と言われる日々が続いていた。

湯水のように金を使いまくり、誰もが浮かれていた狂乱の時代を経た後、バブル崩壊が訪れる。それまで派手に暮らしていた上の世代はどんどん淘汰されていき、おかげで、すぐ下にいた僕らの世代が、若くしてそのポジションに押し上げられていった。つまり、僕はこのときすでに、バブルに踊らされ、ハジけていった人々の一部始終を目にしていたのだ。

「景気がいいときこそ、おとなしくしていたほうが賢い」

リーマン・ショック以降のイギリスの様相は、学生時代に肌で感じたことを再確認させてくれた。リーマン・ショック以降、僕はいわゆる質実剛健な〝オーガニック〟という文化に目覚め、イギリス人のオーガニックな生き方を学ぶことになる。それは〝食〟だけではなく、人間の生活すべてにおける新しい考え方であり、ひとつの革命であった。このあたりは、自著『オーガニック革命』（集英社新書）に書いているので、興味があれば一読いただければ幸いだ。

僕はそれまでのバブルに染まりそうだった考え方を一層改め、ロンドンに引っ越す際に減らした荷物を、さらに減らすに至った。シーズンごとに１００万も２００万もかけて流行の服を手に入れ、夜な夜な派手にパーティを回るような暮らしとは一切手を切った。あの銃声が、まるで新しい生活のスタートの合図だったかのように。

それと同時に、「我々が信じてきた〝社会〟などというものは、すぐに崩れ去るものであり、資本主義もいつか必ず崩壊する」と深く考えるようになった。日本のバブル崩壊はじわじわとやってきたが、イギリスではまさに青天の霹靂だった。〝そのとき〟は、突然やってくる。僕はそれを実感し、以来、国家や社会システムというものがどのように破綻していくのかに興味を持つようになっていく。

スペイン移住で、不動産バブルの崩壊を目撃

２００９年２月、僕はスペインに住まいを移した。そこにもまた、追いかけるようにリーマン・ショックの余波がやってきた。いわゆる〝ユーロ危機〟だ。ギリシャをはじめ、スペイン、イタリア、ポルトガル、アイルランドといった、「世界金融危機を自力では乗り越えられない」とされる国々は、その頭文字から〝ＰＩＩＧＳ〟と呼ばれ、経済危機の連鎖を引き起こす可能性があると今も懸念されている。

スペインでは２００４年から２００９年にかけて不動産バブルが続いていた。抜群の景色と気候のよさを誇るこの観光大国には多くの外国人観光客が訪れ、その中でもとりわけドイツ人の姿が目立っていた。押し寄せるドイツ人観光客のために、彼ら専用の空港ターミナルが作られ、ドイツ人向けホテルばかりを擁する村ができ、ドイツ資本のスーパーマーケットなども次々と上陸した。不動産業界はそうした施設に投資し、それをドイツ人が買い漁るため、街には新しい建物がどんどん建設されていった。バブルに沸いたスペインでは常に建築家が足りない状況で、わずか５年間で建築家の数が３～４倍

にも増え、大学の建築学科も過去の5倍にまで新設されたほどであった。

そこへ、突然のユーロ危機。バブルはあえなく崩壊し、僕は25年前に東京で見たものと同じ光景を目撃することになる。不動産は大暴落し、ホテルやスーパーマーケットはどんどん潰れ、そこに勤めていたスペイン人たちは職を失っていった。

この時期からスペインの若者の失業率はうなぎ上りに上昇し、やがて50％を超えることになる。もともとスペイン人は働くことが好きではないため、失業率が10％を上回る状態には慣れ切っている。しかし、20代の失業率が50％を超えるのは、前代未聞の異常な数字であることに間違いはないだろう。

とはいえ、スペイン人というものは、イギリス人よりさらに乏しく、〝質素な暮らし〟をすることに非常に慣れた国民でもある。スペイン人は、なにより〝過剰〟であることを嫌う。これまで多くの国を訪ね歩いてきた僕が、「先進国でありながら、こんなにもお金を使わない人々は初めてだ」と感じるほどに。

スペイン人は、スターバックスにもマクドナルドにも自分の金を落とすことはない。

当時、この国で会社を興したばかりの僕は、法律家やＩＴに従事する裕福な層はもちろん、街のクラブで出会ったＤＪや一般的な若者まで、さまざまな人との付き合いがあったが、その誰もが「数百円もするまずいコーヒーを飲む理由がわからない」と、口をそろえてスターバックスに行く人を評していた。特別うまいわけでもないコーヒーに高い金を払うなんてどうかしている。それなら、名も無い街のコーヒースタンドで１２０円のおいしいコーヒーを飲む、というのだ。

バルセロナの多くのクラブは、入場料が基本的にゼロで、飲まずに踊るだけ踊って帰る者もいる。スーパーには一本たった60円のビールが並んでいるため、それを数本手に入れて公園で朝まで飲み明かし、ひと晩を数百円で遊ぶ者も多く、しかし皆、ＱＯＬ（クオリティ・オブ・ライフ）と呼ぶ「生活の質」を豊かにすることを真剣に考えていた。金銭的に裕福なことが、決して幸せではない。スペイン人は、歴史を通じ、それを心底理解していた。

また、スペイン人はイギリス人同様に質素な暮らしに慣れているが、ただひとつ、違いがある。それは、「質素ではあるが、地味ではない」というところだろう。おいしいものが本当に好きで、遊ぶことも大好きで、我慢など決してしないＱＯＬを求める姿勢。

僕はこのスペインという国で、そうした新しい暮らし方を学んでいくことになる。

スペイン人に学んだ〝適正価格〟と〝生き延びるヒント〟

スペイン人は本当にうまいものを知っている。食料自給率100％以上を誇るこの国では、食べるものに困ることはない。彼らはすべからく料理上手であり、また、地元の人々が集う安くてうまい店が数多くあるため、食を楽しむには事欠かない。高価なレストランは、スターバックスやマクドナルドと同様に観光客が行く場所で、彼らにいわせれば「どんなに安くて便利でも、価値もないものに金を出すのは〝間抜けの象徴〟」であった。

また、彼らは「キロメートル・セロ」という運動もしていた。セロとは、スペイン語で〝ゼロ〟の意で、１㎞圏内の産地から届く食料以外は信用しないということだ。特別にエコを意識しているわけではなく、「鮮度のいいものがうまいのは当たり前であり、うまいものを選ぶことが当たり前である」というごくシンプルな考え方をしている。そして、うまい魚が食べたくなれば、「海のある街へ行こう、人の車で」となる。

そう、僕が移り住んだバルセロナの人々は、自分の金を少しでも無駄に使うことを心底嫌っているのだ。その根底にあるのは、やはり「できる限り働きたくない」というラテン民族ならではの気質であり、いかに働かずして楽しく暮らすかに、日々頭のほとんどを使っている、といっても過言ではないほどだ。

スペインでは「失業した日までの6年間に、失業保険の保険料納付実績が360日以上あること」が、失業保険受給の要件となっており、360日働けば、120日間は失業保険をもらえる。つまり、一日も休まず1年働けば4カ月は遊んで暮らせるのだ。道理で失業率が高いわけである。

スペインの友人たちは「神戸牛になりたい」と僕によくいってきたものだが、その言葉は彼らのメンタリティを非常によく表していると感じる。「神戸牛のように、ビールばかり飲んで、マッサージされるだけで暮らしていけたら最高だ」と。

中には、「観光シーズンに2カ月くらいカフェで働き、それからしばらく遊んで暮らす」「金がないときは、観光地の道端で歌のひとつでも歌ってみせれば何とかなる」と公言して憚《はばか》らない者もいたし、近所に住む顔見知りの中年女性は、きれいな服を着せた愛猫をドイツ人観光客に見せるだけでチップをもらい、けっこうな小遣いを稼いでいたのだから、何とも逞しい話だ。

　僕はスペインで暮らしたこの数年間で、「正しい価値のあるものに、正しい金を払う」という価値観を徹底的に学び、無駄金を使うことは一切なくなった。ブランディングやマーケティングに踊らされ、限定商品を崇め、ホテルのカフェで一杯１５００円ものコーヒーを飲む。そんな日本人たち（かつての僕自身）とはまったく違う彼らの生活は、〝適正価格〟に対する冷静な目を持つことを教えてくれたのだった。

　そして、バブル崩壊のあおりを受け、職を失い、毎日のようにデモ行進が繰り広げられる日常がやって来ても、より一層逞しく、日々の暮らしを楽しみ続けている彼らに、経済危機を生き抜くための新たなヒントを得た。


　もしも多くの日本人が、社会システムに依存することなく、人目を一切気にすることなく、マーケティングや流行にもとらわれることがない暮らしをしはじめたなら、いったいどうなるのだろう。社会に変化が起きるその瞬間は、むしろ新しいチャンスなのだと思う。それはきっと、欲望に振り回されることなく、無理なく楽しく暮らす日々を手にするきっかけとなるだろう。

　たどり着いたその答えの真相を確かめるべく、ここから僕は破綻した国々への取材を始めた。いったい、国家が破綻、もしくは破綻が近づくと、人や街はどうなるのだろうか？　バルセロナに住まなければわからなかったことが多いように、破綻を迎えた街に行き、自分の目で見て、その街の人たちの話を直接聞いて、肌で感じてみなければ、わからないことばかりではないのか。いくらニュースや数字だけ見ても、そこに本当に大切なものはないし、その先のことはわからないと、僕は経験上理解していた。

ギリシャで見た、街の惨状と報道の多様性

ユーロ危機の直撃を受けたギリシャ共和国を取材したのは、その翌年のことだった。スペインとは比べものにならないほど悲惨な状況に、「いったい、この街はどうなってしまったんだ」と思わず呟きが漏れた。

首都アテネに一歩足を踏み入れれば、街中の至るところにゴミの山が残され、地下鉄も長引くストライキによってストップしたままの状態だった。観光都市アテネの重要な収入源であるはずのパルテノン神殿も閉鎖されたままだ。国家財政が破綻すれば、公務員に給料を払うこともできなくなり、ゴミの回収をはじめ、それまで提供されていた公共サービスも当然のごとく止まってしまう。そんな現実を目の当たりにし、僕は底知れぬ怖さを感じた。金融危機の余波で銀行のＡＴＭがストップするという事態は誰にでも

想像がつくだろう。しかし、これまで当たり前だったはずの社会インフラが止まれば、街は一夜にしてゴミ溜め同然になり、地下鉄どころか、水道までも止まってしまう可能性がある。そんなことが、先進国で現実に起こりうるという事実を突きつけられた。

また、その一方では、哲学と議論の国であるギリシャには100紙以上もの新聞があることや、それらが反政権側、現政権側、市民寄りなど、実にさまざまな論調から多様な見解を発信していることにも驚きを禁じ得なかった。そしてこの後、多くの国を取材していく中でも、日本のように「すべての新聞が、ほぼ同じ論調であり、企業側や体制側に有利な報道しかしていない」という国はほとんどなかった。

日本に帰るたび、世界各国の報道との間にあまりにも温度差があることを実感する。一元的な報道しかされず、今、世界で何が起きているのか、自分の国で何が起きようとしているのかを正しく知る術もなく、その国内報道だけを根拠に、呑気に構えている国民も少なくはないだろう。

しかし、世界はもうつながってしまっている。金融システムもインターネットも物流も、すべてがつながってしまっている今、「世界同時不況」が発生する可能性は非常に高い、と世界を回りながら感じる。それは「21世紀の世界恐慌」である。そして、各国が危機に瀕している今、いつ、何が引き金となるかもわからない状況にある。

先に書き記したような、イギリスをはじめとする各国で見てきた光景も、その数カ月前には誰も想像しなかっただろうし、また、同じように数カ月後のことは誰にもわからない。ただ、ある日を境に「世界は突如一変する」ことだけは、確かなのである。

我々がこれからの時代を生き延びるために

本書は、国家破綻が起きるかどうか、を検証する本ではない。「国家が破綻すると（その多くは経済的問題が理由だ）、いったい、何がどのように変わるのか」を、過去25年にわたって、僕がこの目で見てきたことを、書き記した本である。そして、その要因を探ると同時に、破綻の根底を成している〝変わらない人間の欲望〟を自戒するための書籍でもある。

僕は、リーマン・ショックの衝撃をイギリスとアメリカで体感し、その後、移り住んだスペインではユーロ危機を体験したが、振り返れば、１９８９年、東西の壁の崩壊時に東ドイツに渡り、その後、ソ連（現ロシア）を回って、1997年のアジア通貨危機の頃には、破綻した韓国の大手商社と締結していた契約が吹き飛び、「経済麻痺状態」と言われたタイに年に何度も出向きながら、通貨や国家、そして社会システムがボロボロになる様を見てきた。

僕が生きてきたこの四半世紀に、第三者ながら国家破綻、もしくはそれと同然になるのを目の当たりにしたことが何度もあり、国家システムの崩壊や、社会が大きく揺らぐ様子を幾度となく肌で実感してきた。

国家は破綻する。もしくは、それに近い状態に陥り、社会が大きく揺らぐ。そして、それは誰もが知る国で確実に起こることなのである。

ではいったい、そのとき人々はどのような行動に出るのであろうか？　あの3・11の東日本大震災のときのように、秩序を保つことのできる素晴らしい日本人でいられるのだろうか？　そのとき、自分の預貯金の9割が一瞬にして消えることになったとしても。

社会システムが揺らぐ事態は、地震によって目の前のビルが崩れ去ることよりも、人々のメンタルに底知れない負の影響を与える。日常的に見える風景は同じはずであるのに、そこに暮らす人間だけが正気を失っていくのだ。冒頭に記したエリート弁護士のように、それまではまともであったはずの隣人や知人が、ある日を境に突如として殺人鬼へと豹変する。その様は、いつもの光景の中で人々が次々と変わっていくゾンビ映画のように恐ろしいものである。

それは、報道にあるような、ただの犯罪率増加や失業率増加で測れるものではない。ひとつの犯罪が起きたことに変わりはなくても、金も地位も良識もあったはずの人間が、無差別に銃を乱射するまでに狂ってしまうという、異常な出来事が起きるのである。

日本でいえば、１９９７年に起きたアジア通貨危機の翌年以降、14年連続で自殺者の数が３万人（世界基準とされる世界保健機関（ＷＨＯ）の「不審死」を含むカウント方式だと11万人）を超えている。毎年、ひとつの街の人口に匹敵する数の人間が自ら命を断っているこの状況は、日本の人々に何らかの異常が起きているとしか思えない。

「いざそれが起きたとき、あなたはいつもと変わらず冷静でいられるのか？」

これまでに破綻したさまざまな国家で、そのとき、どんなことが起き、どう生き延び、そして、その原因はいったい何であったのか。本書では、少し堅苦しいが経済問題と歴史をひも解きながら、多くのことを学び、来るべき未来に備えるための一助としてほしいと願う。

高城　剛

1945年以降、世界では実に多くの国々が、デフォルトになっている

●ヨーロッパ

国名	対外債務	国内債務
ウクライナ		1998～00
オーストリア		1945
クロアチア		1993～96
トルコ	1987、1982	
ドイツ		1948（★1）
ポーランド	1981	
ルーマニア	1981、1986	
ロシア	1991、1998	1998～99（★2）

参照文献（「国家は破綻する－金融危機の800年」（カーメン・M ラインハート、ケネス・S ロゴフ 著、村井章子訳　日経BP社）のデフォルトの定義により、国家破産、すなわち国債の返済が完全に拒絶されることだけでなく、国債償還日の繰り延べ（リスケ）や、一部には通貨の切り下げ（デノミ）も経験回数に数えている。またデフォルトは、外国への債務と、国内向けの債務に分けた。

（★1）ドイツでは1948年、東西ドイツの分割に伴い、通貨マルクが西ドイツマルクと東ドイツマルクへ分離・切り替えが行われた。東ドイツマルクはデノミにより10分の1に減価された。

（★2）ロシアでは、エリツィン政権の失政とアジア経済危機の煽りなどで経済が悪化。1998年1月には通貨ルーブルを1000分の1に切り下げるデノミ、7月にはIMFからの支援を受けるなどしたが状況は好転せず、1998年8月にロシア政府はデフォルトを宣言。99年末までに満期を迎える短期債を長期債へ強制転換、また90日間の対外債務支払いの停止（モラトリアム）を敢行。国外への資金流出（キャピタルフライト）が加速していたが、これも預金封鎖で制圧した。総額390億米ドル相当のデフォルトは、90年のブラジルに次ぐ規模。

（★3）破綻回数が最も多い国は、アルゼンチンとベネズエラ。特にアルゼンチンは、第二次世界大戦に全く関与しなかったこともあり、戦後は先進国に分類されるほど豊かな国だったが、長期の失政やハイパーインフレ等で経済が壊滅。90年代には一度浮上しかけたが、通貨ペソを米ドルと高レートでペッグしていたことがあだとなり、2002年にはGDP成長率がマイナス11％にまで暴落、再びデフォルトとなった。現在、株式の世界基準であるMSCI分類で、アルゼンチンは新興国よりさらに下の「途上国」にまで格下げされている。

（★4）ブラジルでは1985年に軍政から民政へと移行したが、長年の放漫財政のツケやオイルショックの影響（現在はブラジルの石油自給率は100％を超えているが、当時は輸入国だったため影響が大きかった）が後を引き、経済が崩壊。1990年のデフォルト（620億米ドル相当）は人類史上最大とされている。この影響から、ブラジルでは90年代前半まで、インフレ率が数千パーセントというハイパーインフレが続き、デノミも3度行われた。

世界のデフォルト（債務不履行）経験国　1

●中南米

国名	対外債務	国内債務
アルゼンチン（★3）	1982、1989、2001	1982、1989～90、2002～05
アンティグア・バーブーダ		1998～05
ウルグアイ	1983、1987、1990、2003	
エクアドル	1982、1999、2008	1999
エルサルバドル		1981～96
グアテマラ	1986、1989	
グレナダ		2004～05
コスタリカ	1981、1983、1984	
スリナム	2001～02	
チリ	1983	
ドミニカ		2003～05
ドミニカ共和国	1982、2005	1975～2001
ニカラグア	1979	
パナマ	1983、1987	1988～89
パラグアイ	1986、2003	
ブラジル	1983	1986～87、1990（★4）
ベネズエラ	1983、1990、1995、2004	1995～97、1998
ペルー	1976、1978、1980、1984	1985
ホンジュラス	1981	
ボリビア	1981、1983、1984	1982
メキシコ	1982	1982

●アジア・オセアニア

国名	対外債務	国内債務
インドネシア	1998、2000、2002	
クウェート	1990～91	
スリランカ	1980、1982	1996
日本		1946～52（★5）
フィリピン	1983	
ベトナム		1975
ミャンマー	2002	1984、1987
モンゴル		1997～00
ソロモン諸島		1995～04

（★5）日本では1946年２月に、旧円⇒新円への切り替えと、預金封鎖が行われた。預金の引き出しは、一カ月に世帯主300円、その他家族は100円に制限された。終戦と同時に、戦時中に発行された国債の償還、終戦に伴う兵士たちへの恩給などを賄うため、大量に紙幣増発をしたために起きたハイパーインフレ対策として行われた。

世界のデフォルト（債務不履行）経験国　2

●アフリカ

国名	対外債務	国内債務
アルジェリア	1991	
アンゴラ	1985	1976、1992～02
エジプト	1984	
カメルーン		2004
ガーナ		1979、1982
ガボン		1999～05
ケニア	1994、2000	
コートジボアール	1983、2000	
コンゴ		1979
ザンビア	1983	
シエラレオネ		1997～98
ジンバブエ	2000	2006
スーダン		1991
中央アフリカ共和国	1981、1983	
ナイジェリア	1982、1986、1992、2001、2004	
マダガスカル		2002
南アフリカ	1985、1989、1993	
モザンビーク		1980
モロッコ	1983、1986	
リベリア		1989～06
ルワンダ		1995

（出典：「世界のデフォルト経験国家一覧表」海外投資データバンク　http://www.world401.com/saiken/default.html）

第1章

国家財政破綻、人はどう生き延びたのか?

ソヴィエト連邦
U.S.S.R
ロシア
RUSSIA
タイ
THAILAND
韓国
KOREA
アルゼンチン
ARGENTINA

1　ソヴィエト連邦崩壊

女性の識字率が上がると、出産率が下がる

僕が大学を卒業して間もない１９８９年11月、「ベルリンの壁」が崩壊した、と世間では大騒ぎになった。「ベルリンの壁」といえば、「こちら側」と「あちら側」を分断する象徴であり、その象徴だった別名「鉄のカーテン」が市民によって崩された、と何度も東京の街中にある電光掲示板が号外として報じていた。なぜかわからないが、僕はいたたまれなくなり、きっと「世界が大きく変わる」と思ったのだろう、気がつくとドイツ行きの飛行機に飛び乗っていたのである。

それより13年ほど前、あるひとりの男が、社会主義の崩壊を予言していた。１９７６年、『最後の転落（La Chute finale）』と題された一冊の本が出版された。著

者はフランスの歴史学・家族人類学者のエマニュエル・トッド、25歳。彼はこの本の中で、「10年から30年以内にソヴィエト連邦は崩壊する」と大胆な〝予言〟をしたが、当時はソ連が支援した北ベトナムがベトナム戦争で勝利を収めた直後であり、むしろ世界におけるソ連の存在感は国際的には強まっていた。そのためトッドの主張は単なる〝若者の戯れ言〟として、一時的に人々の話題をさらっただけで、彼の主張は長い間忘れ去られていた。

しかしその15年後、人々は〝あり得ない〟はずのソヴィエト連邦崩壊を、現実のものとして目の当たりにする。ベルリンの壁崩壊からわずか2年で、大国ソ連がなくなってしまったのだ。そしてエマニュエル・トッドは、ソ連崩壊を見通した予言者として一躍、世界中に知られる存在となっていく。

トッドの分析は、非常にユニークなもので、彼は人口統計学的なアプローチで「女性の識字率が上がると、出産率が下がる」という人類の普遍的な傾向に着目。そしてソ連でも西側諸国同様の近代化が進んでおり、いずれ全体主義をベースとした体制は、市民ひとりひとりの目覚めによって崩れ始めるだろう、と予測した。その決壊は、「ハンガリーの鉄条網」、そして「ベルリンの壁」に現れた。

識字率の上昇と出産率の低下が一国の政治や経済までをも揺るがす、という主張は、一見するとピンとこないかもしれない。しかし識字率の上昇は、さまざまなインフラが整い、地域文化が成熟しつつあることの証拠である。識字率が高くなると、女性が社会に参加しやすくなり、必然的に子供の数も自分の意思でコントロールできるようになる。さらに出生率が低下すると、男女関係はより平等に近づき、社会もより流動的になっていく。つまり、このような市民レベルでの個人主義の台頭は、社会を不安定にさせ、パラダイムシフト＝変革が起きやすくなる、というわけだ。

実際、１９８０年代後半、このようなパラダイムシフトへと至る大きなうねりがソヴィエト連邦には渦巻いていた。近年では２０１０年末からイスラム圏で巻き起こった民主化運動（アラブの春）がまさにこれに当たる（ちなみにトッドは、その3年前に上梓した著書『文明の接近』で、またしてもアラブ諸国の近代化を予言していたのである）。

社会主義国家ソヴィエト連邦の誕生

ソヴィエト連邦は、世界初の社会主義国家として１９２２年に誕生する。それから70年足らずで崩壊する運命をたどるソヴィエト連邦だが、当時はアメリカと双璧を成す強大な軍事国家として、世界中から恐れられる存在だった。

僕が初めてモスクワを訪れた１９９０年は、街にマクドナルドができたことが大騒ぎになっていた年だった。マクドナルドはアメリカの象徴そのものであり、社会主義を表す「赤」をコーポレートカラーに使う、許しがたい資本主義企業だ、とソ連ではみなされていた。そのマクドナルドが、モスクワのど真ん中に出店したのである。

今考えれば、この時点でソ連は実質的に崩壊していた、と考えられる。国家の崩壊は、表面化しなくても、街角を見ればわかるものだと、今なら冷静に考えることができるが、20代の僕には「社会主義国のハンバーガー」を、ただ面白がることしかできなかった。アメリカは、この時点ですでにソ連を凌駕していたのである。

この巨大なふたつの勢力、ソ連と米国は、かつて世界の覇権を巡って対立、「冷戦」と呼ばれる長い緊張状態を引き起こしていた。それは、資本主義国家アメリカと社会主義国家ソヴィエト連邦という、相反するイデオロギーの対立でもあった。

ゴルバチョフによる「ペレストロイカ」

社会主義体制による労働生産性の低下、アフガニスタン侵攻の泥沼化、世界一の生産を誇った石油価格の暴落、そして巨額の財政赤字。こうした原因によって、ソ連経済は1980年代以降、危機的状況を迎えることになる。

そんな中、1985年にソ連共産党史上最年少で書記長の座についたのが、ミハイル・ゴルバチョフだった。彼に課された使命は、ソ連経済の立て直しである。これまでのように「財産の私有」や「市場経済」を認めないまま経済を立て直すことが不可能なのは、誰の目にも明らかだった。そこで彼は、市場経済の原理を取り入れた経済改革を断行したのである。その小さなひとつの結果が、それから数年後の「マクドナルド・モスクワ店」の開業であったのだ。

「ペレストロイカ」と名づけられたゴルバチョフ政権による経済政策は、協同組合形式の導入や自営業の解禁、そして軍民転換などが中心だった。

そして、ペレストロイカにはもうひとつ、大きな柱があった。思想・言論・報道などの自由化・公開性を推進する「グラスノスチ」と呼ばれる改革である。これを機に、これまで一切公開されてこなかった情報（体制批判につながる情報や軍事情報、共産党幹部の豪奢な暮らしぶりなど）が少しずつ開示されていくことになる。

さらに１９８６年に起きたチェルノブイリ原発事故で、政府による情報隠蔽が西側諸国の報道によって明らかになると、グラスノスチはさらに加速していった。原発事故を機に、政府の一方的な発表に疑問を持ち、国民が自分たちで情報を集め、結果、その数年後に起きる国家の崩壊へとつながることになる。

最初の波は１９８９年に起きた。まず、事実上ソ連の支配下にあった東欧のポーランドとハンガリーで共産党体制が崩壊。さらにドイツを東西に分断し、冷戦の象徴とも言われた「ベルリンの壁」が崩壊すると、この民主化の波はどうにも止められない大きな時代の流れとなって、東側諸国を次々に呑み込んでいくことになった。僕が訪れた真冬の、おそらく氷点下のベルリンは、それまで僕の人生で見たことがないほどの人々の熱気によって、街中が熱く覆われていたのを記憶している。

そしてこの年の末、ゴルバチョフとアメリカのブッシュ大統領は地中海のマルタ島沖で会談を行い、ついに冷戦の終結を宣言するに至る。

このように外交面では歴史的な活躍を見せたゴルバチョフだが、経済面では十分な成果を残したとは言いがたい状態だった。１９８９年のソ連の財政赤字は９２０億ルーブル（公定レートで１ルーブルは約１・６ドル）で（＊１）、対ＧＮＰ比では約10％。ゴルバチョフが政権についた１９８５年から、１９９０年までの財政の累積赤字額は、およそ４０００億ルーブルに達し（＊２）、もはや危機的な水域にまで膨れ上がっていた。さらに、西側諸国への対外債務残高も、世界銀行の推計によれば、１９９０年末には５５０億ドルに達していたといわれている（＊３）。

この巨額の財政赤字の背景には、膨大な軍事費に加え、前述のように石油価格暴落による貿易収支の悪化や労働生産性の低さ、そして計画経済の失敗を補うための企業向け補助金の増加、増大する社会保障費などの原因があった。

この状況は、まさに今の日本と似ている。日本はバブル崩壊後、景気対策のための企業減税措置や景気低迷による税収の減少、高齢化による社会保障費の増大のため、歳出超過が続き、製造業も衰退の一途をたどっているのは周知の事実。日本政府は、こうした財政赤字を国債の発行によって賄っているわけで、その公債残高は、２０１３年度末にはおよそ７５０兆円に達している（＊４）。これは日本の税収17年分に匹敵する大きさだ。

一方、ソ連はこの巨額の赤字をどうやって補填していたのだろうか？　当時のソ連には、いわゆる債券市場が存在しなかったため、日本のように国債を発行して歳入に充てることはできなかった。つまり、財政赤字は、基本的にソ連唯一の中央銀行「ゴスバンク」による紙幣の増刷で賄うしかなかったのである。実際、ソ連はすさまじい勢いでお金を刷りまくり、１９９０年の夏には、なんと紙幣を刷りすぎて印刷用インクが足りなくなるという事態まで起きている。

このマネーサプライの急増は、ソ連国内に大量のルーブルが出回り、ルーブルという通貨自体の信頼性を低下させる結果を招き、まさにソ連崩壊の引き金になっていった。危機を乗り越えるための安易な解決策として、現物でもマネタリーベースでも、通貨を増やすことは、破綻への第一歩であることを、ソ連は教えてくれている。今から、わずか20年少し前の話である。

モノ不足を救ったロシアの人の知恵「ダーチャ」

市場経済への移行が加速する中、ソ連ではモノ不足とインフレがより深刻になっていった。これは1988年から企業による独立採算制が導入されたことで、安易な値上げが横行したことや、生産者がより高値でモノが売れる闇市場や自由市場に商品を流すようになったことが原因といわれている。1990年を皮切りに、僕は毎年のようにソ連を訪れていた。当時、欧州へ向かう便はモスクワ経由が多く（特にアエロフロートが安価だったこともあり）、せっかくなので僕は、モスクワの街に出て社会主義国家や変わりゆく国家の姿を感じようと考えていた。

人々は石けんや洗剤、ノートや鉛筆、乳製品や砂糖といった生活必需品はもとより、安定して手に入っていたはずのパンやタバコまで入手困難な状態になっていた。まったく知らない人に街角で声をかけられ、石けんやシャンプーを分けてほしいと頼まれたことが何度もある。モノの値段はどんどん上がり、庶民の生活がどんどん苦しくなっていくのを、僕は目の当たりにした。いわゆる強度のインフレ状態である。朝100円だったパンが、夕方には５００円になることもあった。

このように食べるものにも事欠くような状態を、ロシアの人々はどのように凌いだのだろうか？　そのヒントは、「ダーチャ」と呼ばれる家庭菜園付きの別荘にある。

ソ連時代には、労働者への福祉の一環で、国や職場から安価でダーチャのための土地を買うことができ、多くの市民は郊外にダーチャを保有していた。ただ、いわゆる別荘とは趣が違って、水道やガスなどのインフラが整備されていないことも多く、人々は自分で家を建て、自力で井戸を掘ったりしなければならないのが常識だった。当時のソ連の人々は週末になるとダーチャを訪れ、そこで野菜や果物を育て、ブタなどの家畜を飼い、自給自足の生活を送っていたのである。ダーチャの存在とそこでとれた食料は、結果的にモノ不足に苦しむ人々の生活を支えることになる。

僕も何軒かのダーチャを訪れたことがある。街の混乱を避け、ここで自給自足的に暮らす人もいれば、都市部で働き、週末だけダーチャで農作業に従事する人もいた。ダーチャといってもいろいろなタイプがあって、掘っ立て小屋のようなものもあれば、高級別荘のようなものもあった。しかし、どのダーチャにもそれなりの家庭菜園がついており、これがソ連崩壊時に多くの人々を救ったのである。

そんな中、1991年1月22日に「50ルーブル紙幣と100ルーブル紙幣を無効とし、向こう3カ月間に限り1人1000ルーブル（年金生活者は200ルーブル）まで小額紙幣または新紙幣に交換できる」というソヴィエト連邦大統領令が公布され、国内は大混乱に陥ることになった。人々は商品の買い占めに走り、一瞬にして国中がパニックになる。大きな変化こそ、突然訪れるものだ。その中には、紙幣を交換するための行列中に心臓発作を起こして亡くなる人までいた（＊5）。

ソ連崩壊後の新生ロシア

ゴルバチョフは共産党の解散を勧告し、さらにバルト三国が独立。同年12月にはロシア、ウクライナ、ベラルーシが独立国家共同体（ＣＩＳ）を創立、ソ連からの離脱を表明することになる。完全に権力を失ったゴルバチョフはソ連大統領（90年就任）を辞任し、これをもってソヴィエト連邦は、ついに崩壊へと至った。

ソ連に変わって登場したのが、かつて急進改革派としてソ連の民主化を主導したエリツィン率いる新生ロシアだ。エリツィンは、国際通貨基金（ＩＭＦ）とタッグを組んで市場経済への移行を急いだが、対ＧＤＰ比で約27％に上る財政赤字、そして５６５億ドルの純対外債務残高（１９９１年）というソ連時代の「負の遺産」を引き継いだ新生ロシアの再生には、険しい道のりが待っていた（＊６）。すさまじいハイパーインフレと、通貨ルーブルの暴落である。

ＩＭＦとエリツィンが主導する経済改革（ショック療法）は、１９９２年１月の価格自由化から始まることになる。しかし、市場インフラが整わないまま、強引に価格自由化を進めたことによって、強烈なインフレがロシアを襲う。１９９２年のインフレ率は、前年比でなんと２５１０％（出典：外務省ウェブサイト）。これは１００円だったパンが１年後に２６００円になってしまうことを意味している。その後もロシアの消費者物価上昇率は上がり続け、１９９１年から１９９５年までの５年間で物価は４０００倍以上となり、まさにハイパーインフレ状態に陥ったのである。このすさまじいインフレによって投資は冷え込み、企業の生産活動はますます落ち込んでＧＤＰはマイナス成長を続けることになった。さらにソ連崩壊後、通貨ルーブルは何度も切り下げられることになる。つまり、ロシアの人々の預金は、ほとんど「紙切れ同然」になっていったのだ。

ハイパーインフレによる二極分化と、国の自転車操業

大多数のロシア人が貧困に突き落とされる一方、こうした国家の混乱に乗じて、大金を手にした人々もいた。旧ソ連では、深刻なモノ不足を背景に闇市場が誕生し、そこでうまく商売をしていた一部の人々（いわゆる「マフィア」および、彼らも同然の人々、中には国家機関に関わっていた人々）が市場経済への移行とともに〝表舞台〟へと活躍の場を移し、大きな利益を上げるようになっていった。

この状況は、東欧でも同じであり、この時期にポーランドを訪れた僕は、驚いたことがある。ある人物が「国営美術館」を個人宅にして住んでいたのであった。まさに、一部の者たちにとっては、やりたい放題の状況だったのである。

また、民営化によって国有企業の払い下げを受け、財を成したいわゆる新興財閥（オリガルヒ）も同様だった。彼らは手持ちのルーブルをいち早くドルへと交換し、さらに巨額の富を手に入れていた。彼らは「ニューロシアン」や「ニューリッチ」などと呼ばれ、貧富の差はさらに拡大していくことになる。

止まらないインフレと上がらない給料によって、一般の人々の生活は非常に苦しいものになっていった。そのため当時は、ダーチャでとれた野菜を売ったり、自家用車で白タクを営業するなどの「副業」をするケースもよく見られたものだった。ルーブルに対する信用は内外で地に墜ち、人々は必要なモノを物々交換で手に入れ、マルボロなどの外国製タバコを通貨の代わりに使うこともあった。「いったい、何を信じていいのか、わからない」。当時、ロシア人が話していたことを、僕は今もよく覚えている。手持ちのお金も国家も親友も、そして自分も、おそらく神すらも、多くのロシア人は信じられなくなっていた。

そんな中、ロシア政府は１９９５年以降、インフレ抑制や財政赤字縮小の名目で高利な短期国債を積極的に発行し、国内の銀行や外国人投資家の人気を呼ぶことになる。資金調達が進んだものの、皮肉なことに、高い利息の償還のため、短期国債を増発する、ある種の「自転車操業」のような状態に陥っていくことになる。まさに綱渡りだ。

一方、市場経済のインフラが次第に整っていくとともに、ようやくハイパーインフレは鎮静化する。貿易収支と経常収支もプラスとなり、経済成長の兆しも見えはじめ、１９９７年頃からようやくロシア経済は、徐々に回復するかに見えた。

ところが、再びロシアを試練が襲う。アジアで始まった通貨危機の余波が、ロシアにまで波及したのである。

１９９７年7月、タイ・バーツの暴落から始まったアジア通貨危機は、アジア各国に次々と飛び火、同年10月には香港で株価が大暴落し、ロシアでも株価が一日19％と大幅に下落。それを合図としたかのように、国債価格もずるずる値下がりし、利回りは急上昇しはじめた。１９９７年10月に18％だった短期国債の利率は、同年12月には38％、翌１９９８年5月には１１８％まで上昇したのだ。

１９９８年のデフォルトによる国民の痛手

こうした中、再び物価は上昇しはじめ、ロシア政府はついに１９９８年1月、新札を発行するとともに、旧１０００ルーブルを新1ルーブルと交換するデノミネーションを実施。これはつまり、１０００万円の貯金が1万円になることを意味する。デフォルトを危惧した外資は、ロシア市場から一斉に引き上げはじめ、債務返済と通貨防衛に追われた当局は外貨準備を切り崩して対応するが、それにも限界があった。そして同年8月17日、ロシア政府はついに、対外債務の90日間支払い停止を宣言するに至る。これは、事実上のデフォルト、つまり国家破綻だった。

パニックになったロシア国民がルーブルをドルに替えようとしたため、ルーブルはさらに暴落。しかし、時すでに遅かった。このような状況になることがわかっていた者だけが、裏に表に資産を少しずつ外貨に替えていたが、ほとんどの国民は、まるで大災害にあったように、すべてを失ったのだ。１ドル＝６ルーブル前後だった為替は、同年末には１ドル＝20ルーブル近くまで下落し、約３分の１の価値になっていった。これによってドル建てで資金を調達していた国内銀行が次々と破綻。政府は国外への資金流出を防ぐため、預金封鎖を行い、人々はすべての財産を失ったのである。

その後ロシア経済は、１９９９年に入ると原油価格の上昇とともに急速に回復していくことになる。経済成長率もプラスに転じるが、国民が受けた痛手は相当なものだった。ソ連崩壊、急速な市場化、そして国家破綻の先にあったものは、一部の「ニューリッチ」が富を独占し、食べるにも事欠く大量の「ニュープア」が生まれる未来だった。

いったい、誰がそんな未来を想像しただろうか？　旧ソ連時代、自分の国が崩壊し、全財産が紙くずとなり、失業や明日の生活に不安を抱く時代がくるなど、誰が予想できただろうか？　しかし、現実にそれは起こると歴史が証明している。かつて世界の二強と呼ばれたロシアの人々が経験した過酷な「国家破綻後の世界」は、近い将来、どこかの国にも再び起こりうる「現実的な未来」なのである。

【参考文献／ウェブサイト】
＊１『平成２年年次　世界経済報告 本編』（第３章より）経済企画庁（現・内閣府）
http://www5.cao.go.jp/keizai3/sekaikeizaiwp/wp-we90-1/wp-we90-00401.html
＊２『平成３年版　通商白書』（第４章　第４-１-57図より）経済産業省
http://warp.ndl.go.jp/info:ndljp/pid/286890/www.meti.go.jp/hakusho/tsusyo/soron/H03/00-04-05.html
＊３『平成４年版　通商白書』（第１章　第２節より）経済産業省
http://warp.da.ndl.go.jp/info:ndljp/pid/3486530/www.meti.go.jp/hakusho/tsusyo/soron/H04/00-00-04.html
＊４『日本の財政関係資料　平成25年度予算案補足資料』（平成25年４月）財務省
http://www.mof.go.jp/budget/fiscal_condition/related_data/sy014_25_04.pdf
＊５『モスクワ狂詩曲』安達紀子著（新評論）
＊６『ロシアの構造改革――ゴルバチョフのペレストロイカから20年（１９８６〜２００６）――』井本沙織著内閣府 経済社会総合研究所
http://www.esri.go.jp/jp/archive/e_dis/e_dis163/e_dis163b.pdf

2 アジア通貨危機と韓国

香港返還。アジア経済発展の「一夜の夢」

１９９７年7月1日、午前零時。香港では「20世紀最後の歴史的イベント」と呼ばれた「香港返還」のセレモニーが行われていた。

その日、僕はセントラルのマンダリン オリエンタル ホテルのベランダで、花火を見上げながらこの街の行方を考えていた。当時の香港の友人たちは、海外へ移住や留学をする者が多く、しばらくは他の国から香港を静観しながら、新天地でビジネスと勉強に勤しんでいた。いったい、香港はどのようになっていってしまうのか？　長きにわたったイギリス統治が終焉を迎え、１５５年ぶりに中国に返還された香港は、香港特別行政区として新しい歴史を歩みはじめる。それは成長著しいアジア経済の、さらなる発展を予感させる出来事でもあり、不安でもあった。そう、このときはまだ誰も、この直後にアジアが深刻な危機を迎えるなど夢想だにしていなかったのである。

発端はタイ・バーツの暴落から

香港返還のお祭りムードも覚めやらぬ翌7月2日、東南アジアの新興国タイを最初の悪夢が襲った。タイの通貨バーツの暴落である。このバーツ暴落の余波は、マレーシアやインドネシア、韓国、フィリピンなどへも次々と伝播し、アジア経済に大きく深刻な打撃を与える事態となる。いわゆる「アジア通貨危機」である。

しかしなぜ、タイ・バーツは暴落したのだろうか？　そしてタイを震源とする通貨暴落の動揺は、なぜ他の国へと「伝染」したのだろうか？　その答えを知るにはまず、アジアの発展の歴史、そして「ドルペッグ制」と「ヘッジファンド」というふたつのキーワードを理解しなければならない。

1985年9月、G5（アメリカ、イギリス、ドイツ、フランス、日本）の財務相・中央銀行総裁が集い、とある取り決めを行った。巨額の貿易赤字に苦しむアメリカを救うため、5カ国が協力してドル安を推進することで合意したのだ。「プラザ合意」と呼ばれたこの実質的な為替操作によって、円やマルク、フランなどの対ドル為替レートは軒並み高くなっていった。特に当時、「不当に安い」と評価されていた日本円は、わずか1年で1ドル＝２３０円台から1ドル＝１２０円台へと、ほぼ倍になってしまったのである。

この円高の〝恩恵〟を受けて、多くの日本人が海外へと向かった。ほかでもない僕もそのひとりだ。大学生だった80年代後半から海外へと足を延ばし、90年代初頭には、カリフォルニアへ移り住んだ。なにしろ、1ドル＝80円前後の時代である。少し前の1ドル＝２３０円台だったことを考えれば、すべてが70％オフのような感じに思えた。インターネットも未整備だったこの時代、日本と海外との為替格差を利用する日本の輸入代理店を使わずに、僕は直接米国に出向いて、画像処理用スーパー・コンピュータを購入していた。日本で購入すれば、２億３０００万円のマシンが、米国であれば1億円で購入できた。それは、日本の輸入代理店の為替レートが、1ドル＝２３０円台のままだったからである。

一方、急激な円高ドル安の流れに打ちのめされた日本の製造業は、国際競争力を取り戻すため、東南アジアに活路を求めることになる。その理由は、「安い人件費」と「円高」だ。当時東南アジア諸国の多くは、現在のドル円相場のような変動相場制ではなく、複数の外貨の値動きに自国通貨を連動させる固定相場制（通貨バスケット制）が採られていた。なぜなら経済基盤が弱く、政情不安などのリスクによって自国通貨が不安定になりがちな途上国の場合、安定した主要国の通貨と連動させることで、為替変動リスクを避けることができるからである。

そのため「複数の外貨」といっても、実際はドルの比率が大きく、その実態はドルに連動する「ドルペッグ制」に限りなく近いものだった。つまり、ドルに対して強くなっていた日本円は、ドルに連動するアジア諸国の通貨に対しても強くなっており、人件費や設備投資のコストがさらに割安になっていたのである。こうして日本企業は続々とアジアへ、特にＡＳＥＡＮ４（タイ、マレーシア、インドネシア、フィリピン）と呼ばれる東南アジア各国へ進出していった。円高を背景にした日本企業と日本人のグローバル時代の始まりの時でもあった。

なかでも、タイへの直接投資の増加は突出していた。バンコク日本人商工会議所『タイ国経済概況（１９９０／１９９１年版）』によれば、１９８６年の対タイ直接投資額は前年比でほぼ倍増し、１９８８年に至っては前年比の4倍以上を記録。なんと、その年のタイ向け直接投資全体の50％以上を日本からの投資が占める、という状態になっていたのである（＊）。

＊「外国直接投資のオーバー・プレゼンス・モデル」加藤達男著『中央学院大学　商経論叢』電子版 第6巻 第2号　http://wwwlib.cgu.ac.jp/cguwww/02/06_02/064-02.pdf

タイが投資ラッシュになった理由

その当時のタイでは、もちろん日本だけではなく、さまざまな国が一斉に多額の資本を投下し、爆発的な投資ラッシュが起きていた。いったいなぜ、タイはＡＳＥＡＮ諸国の中でも真っ先に投資の対象となったのであろうか？　それはタイが他のＡＳＥＡＮ諸国に比べて外資誘致に積極的で、いち早く輸出志向型工業化に着手していたからといわれているのと、僕は個人的に、敬虔な仏教国であったことがよかったのではないか、と思っている。また、大きな侵略を受けた歴史がないことも、国民が平和を愛し、勤勉である理由なのだろう。

タイのように国内市場の規模が小さい国は、内需を拡大する成長モデルには限界がある。そのため１９７０年代後半には、外国からの技術や資本を取り入れながら、輸出向け工業化を促進する政策がすでに採られていた。

さらに、投資が激増したもうひとつの理由には、大きな「内外金利差」もあった。当時、バーツの市場金利は、ドルの市場金利に比べておよそ5％も高く設定されていた。一方、タイの為替制度は、前述のように「事実上のドルペッグ制」だった。つまり、投資家たちは金利の安いドルを元手に、金利の高いバーツで運用し、高い金利差を享受できた時代だったのである。

そして、タイ政府が１９９３年にバンコク・オフショア金融センター（Bangkok International Banking Facilities：ＢＩＢＦ）を設立すると、海外からの投資はさらに加速するようになっていく。オフショア時代の到来である。

このように、自国の為替相場をリスクの低いドルにリンクさせておき、金利を高く設定することで海外から資金を呼び込み、それを経済成長の〝燃料〟にしながら輸出を拡大していくというやり方（輸出志向型工業化）で、タイはすさまじい成長を遂げることになる。１９８６年から１９９６年までの10年間における成長率は、近年の中国を遥かに凌ぐ、年平均で約10％という驚異的なものだった。そのため、当時の東アジア・東南アジア諸国は、タイの後に続く形で、次々と輸出志向型へとシフトしていくことになる。これが、今日まで続くＡＳＥＡＮ繁栄の着火点となり、タイから始まった投資ラッシュの波は、マレーシア、インドネシア、フィリピン、そして中国へと拡大していったのである。

そんな中、1993年9月、世界銀行から「東アジアの奇跡」と題されたレポートが発表された。これは1960年代から1990年代に至る東アジア（東南アジアを含む）の急速な経済成長を分析し、高く評価した内容で、実際、東アジア・東南アジア諸国の経済ファンダメンタルズは、高い貯蓄率や低いインフレ率など、おおむね好調といえるものだった。ただ一点、「経常収支の恒常的な赤字」という点を除けば。

なぜ、経常収支の赤字が問題なのか、タイを例にして考えてみよう。タイでは実際、長期にわたって経常収支の赤字が続いていた。これは大雑把に言えば、輸入によって海外へ出ていくドルが、輸出によって海外から入ってくるドルを上回っている状態である。つまり、国からお金がどんどん出ていってしまうわけで、財政は厳しくなっていくはずなのだが、タイの場合は先ほど述べたとおり、海外からの投資ラッシュで入ってくる資本の額が大きかったため、全体としての収支（国際収支）はプラスとなり、国内にはむしろドル（外貨準備）が蓄積されていった。もちろん、マレーシアやインドネシア、フィリピンといった他のＡＳＥＡＮ諸国も、ほぼ同じような状況にあった。

しかしながら、増え続ける一方の経常収支の赤字を、海外からの短期資本で穴埋めする国際収支パターンには、大きなリスクがある。外国からの直接投資による資本は、流動性の高い短期資本であり、短いサイクルで回っているこれらの資本は、ひとたび市場にリスクがあると察知すれば、潮が引くように逃げていってしまうことにつながる。

実際、１９９７年のアジア通貨危機は、こうした短期資本の急激な流失が引き金のひとつになったが、当時は、誰もが「アジア通貨危機」などが起きることなど予想していなかった。もちろん、頻繁にタイに出向いていた僕でさえも。浮かれているときには誰もが、永遠に右肩上がりになる、もしそうでなくても、今のうちに稼いで勝ち逃げすればいい、と都合よく思い込むものなのだと、多くの国の浮かれた者を見てきて、いまだからこそ実感する。

追い風のアジア経済が、一瞬にして地獄絵図に

追い風に乗っていたアジア経済に、逆風が吹き始めた。それは、アメリカの為替政策の方向転換がきっかけだった。プラザ合意以降の急激なドル安で、インフレが問題視さ

れるようになったアメリカは、その抑止という名目で「ドル高政策」へと急転換することになる。そのため１９９５年４月、Ｇ７はドル安を反転させる趣旨の共同声明を発表し、ドル買いの協調介入を実施した。

すなわち、大国の方針転換で、小国の経済は一瞬にして吹き飛ぶ、という歴史的な教えがここにある。それは、アメリカに事実上強要されたプラザ合意から連なる日本のバブル経済崩壊、そしてその後の「失われた二十年」の教えでもある。ある日、突然起こる強国の方針転換により、すべての風景が変わってしまうのだ。突如として、ドルと金(ゴールド)との兌換一時停止を発表した「ニクソン・ショック」しかり。実際には多くの人たちの目に見えない取り決めによって、世界は一変することを忘れてはならない。経済大国と持ち上げられていても、世界のパワーバランスを見れば小国にすぎない日本を含む世界の小さな国々が、どんなに「好調だ」「安定的だ」と自らが話していても、一瞬にしてそこが地獄絵図と化すことは、忘れてはならない歴史の教えだ。

当時のタイでは悪いことに、不動産バブルの崩壊が進行していた。90年代以降、タイ国内に過剰に流入した海外からの短期資金は、不動産や株式市場へと向かい、いわゆるバブル経済を形成していたが、タイ政府はマネーサプライをコントロールできず、供給過剰になった不動産市況は悪化し、株式市場も低迷した。バーツ高に加えて、このような経済基盤の弱さが露呈すると、タイとバーツに対する信頼は急激に揺らぎ始めたのである。

このようなタイ経済に対する人々の不安を敏感に察知したのが、いわゆる「ヘッジファンド」と呼ばれる存在だった。ヘッジファンドとは、主に富裕層や機関投資家から資金を募り、先物取引などデリバティブを通じて大きな収益を上げる投資組織のことだ。相場に対して「逆張り」をするなど、ハイリスク・ハイリターンの運用をすることで知られ、「投機の帝王」と呼ばれたジョージ・ソロス氏が率いるクォンタム・ファンドなどが有名である。ソロス氏は１９９２年の「ポンド危機」の際、イギリス・ポンドに大量の空売りを仕掛けて巨額の富を得たことでも知られている。

「空売り」とは、銀行や証券会社などから借りてきた株式や通貨を、値が高いうちに売却し、株価や為替レートが下落したタイミングで買い戻し、借り主へ返却する運用手法のことで、ヘッジファンドの常套手段である。つまり、巨額のマネーを扱うヘッジファンドにとって、下落の幅が大きければ大きいほど、利益は莫大なものになるわけだ。

アジア通貨危機の直前、ヘッジファンドは1ドル＝25バーツという為替レートがタイの実体経済に比べて高く評価されすぎている「アンバランスさ」に目をつけ、バーツの切り下げを予測する。そんな折、タイ政府が財政収支の赤字化予想を発表すると、多くのヘッジファンドが、一気に大量のバーツ売りへと動くことになる。

それは、１９９７年5月のことだった。具体的には、３カ月後に1ドル＝25バーツで売るという、膨大なドル売りの先物契約をまず結ぶ。その後、直物市場で持っているバーツを大量に売り浴びせ、バーツ切り下げに追い込もうとしたのである。

このようなバーツの投機売りに対して、タイ政府は外貨準備のドルを大量に吐き出しながらバーツを買い支える市場介入を行い、ヘッジファンドに対抗した。しかし、タイ政府のドル準備高には限界があった。ドル準備が減少すれば、バーツ安が進行しても、タイ政府はやがてドルを売ってバーツを買い支えることはできなくなる。そうなれば、事実上のドルペッグ制の固定相場も維持できなくなるのは必至だ。ヘッジファンドの狙いは、まさにそこにあったのである。

バーツを売りまくってドルを買うことで、タイ中央銀行のドルが底を突けば、タイはドルペッグ制を諦めて、変動相場制に移行せざるを得なくなってしまう。そうすれば、高く評価されすぎていたバーツの価値は急落する。

　こうしてヘッジファンドは、バーツが底値となるタイミングでドル売り・バーツ買いに転じて巨額の利益を得ようと、虎視眈々と待ち構えていた。


　ヘッジファンドのこのような動きは、一般の投資家たちにもすぐに影響を及ぼした。タイの株や不動産に投資していた外国の金融機関や投資家たちは、一斉にタイから投資資金を引き揚げはじめた。これはタイに限った現象ではなく、アジア経済への不安感はアジアからの資金逃避となって現れることにつながっていった。

　実際、通貨危機に見舞われたタイ、インドネシア、マレーシア、フィリピン、韓国を見ると、危機前年の１９９６年には９３０億ドルもの資本が流入していたのに対して、１９９７年には１２０億ドルの資本が域外へ流出。つまり、たった1年で１０５０億ドルものお金が流れの向きを変えたのである（＊）。
＊竹森俊平『１９９７年――世界を変えた金融危機』（朝日新書）52ページより

　僕は、この真っただ中にCGアーティストを探しにタイを何度も訪れていた。もともと物価が安かった上に、バーツ暴落で、すべてが50％オフになった感覚だった。セレクトショップで「棚買い」した記憶もある。なにしろ、バーツ安な上に、緊急セールが続いていたから、数カ月前と比べても80％オフのようだった。

また、外国人客ばかりだった定宿は、ある日を境に宿代がバーツ表記ではなく、ドル表記に変わっていた。明日にもどうなるかわからない自国通貨のバーツを早々に放棄し、ホテルは顧客にもドルを要求し、宿泊費のドル払いを求めることになったのである。

このような経過でタイ中央銀行のドル準備はとうとう底を突き、政府は変動相場制への移行を決定した。香港返還の翌日、１９９７年７月２日のことだった。案の定、それまで１ドル＝25バーツ程度だった為替レートは、一気に１ドル＝29バーツ台まで下落すると、７月末にはおよそ32バーツへと急落。巨額の債務を抱え、追いつめられたタイ政府は、同年８月、ついに国際通貨基金（ＩＭＦ）へ支援を要請することになる（＊）。これは自国のみでの再建を諦め、ＩＭＦ主導による経済の立て直しを受け入れることであり、事実上の財政破綻といえるものだった。

＊『日本経済の記録 歴史編 第２巻（バブル／デフレ期の日本経済と経済政策）』（内閣府経済社会総合研究所、小峰隆夫編）

しかし、これは幕引きではなく、危機の始まりにすぎなかった。バーツの暴落を発端に、マレーシア、インドネシア、韓国、そしてフィリピンでも大規模な通貨アタックを受け、これらの諸国も、変動相場制への転換と通貨の切り下げを余儀なくされたのだ。

タイと同じく、海外からの短期資本に頼っていたこれらの国々では、深刻な景気後退が起き、街には失業者があふれ返っていった。そして11月にはインドネシア、続いて12月には韓国が、それぞれＩＭＦに支援を要請し、その管理下に置かれることになったのである。

ＩＭＦ支援を受け入れたタイ、インドネシア、韓国の各国は、支援の条件として厳しい緊縮財政や外資への市場開放など、苛烈な新自由主義的構造改革を強いられることになる。

一方、同じように経済危機に陥ったマレーシアは、独自の解決策を貫いた。マレーシアのマハティール首相は、通貨危機の原因がジョージ・ソロスをはじめとするヘッジファンドの投機的な取引が原因であると名指しで批判した。そして海外からの投機的な資本に依存した経済を脱却するために、短期資本取引の規制を導入、１ドル＝３・８リンギットという固定相場を一時的に採用し（後に通貨バスケット制へ移行）、内需主導で回復への道のりを探る方針を定めた。

他国のような指針（破綻に導いたのはアメリカが中心のヘッジファンドなのに、助けるのもアメリカが中心のＩＭＦ）におかしいと異を唱え、真っ向から対立する施策を打ち出したマレーシアに対しては、内外から賛否両論が巻き起こったが、結果的にマレーシアは短期間で経済を回復する。１９９８年に大きくマイナスへと落ち込んだ経済成長率は、１９９９年には回復基調に乗り始めたのだ。

アジア通貨危機の悪影響は、１９９８年8月には香港にも飛び火。香港ドルは強烈な売り浴びせを受け、香港政府は市場への介入を余儀なくされることになった。さらに余波はアジア域外へも及び、１９９８年8月のロシア財政危機、そして１９９９年1月のブラジル通貨危機など、世界レベルでの大きな動揺につながっていった。

その余波が、ブーメランのようにアメリカのウォール・ストリートやホワイトハウスに戻って行くことになるとは、誰も考えていなかった。その後、アメリカ政府は21世紀初頭のグローバル・バブル崩壊（サブプライム〜リーマン・ショック）に連なっていく

「グラス・スティーガル法」の廃止を、金融業界の圧力で認めざるを得なくなっていく。「このままでは、世界破綻だ！」と、90年代の終わりに世界中の金融関係者は声高に叫んだ。そして、投資銀行と商業銀行の兼業を禁止して1929年の世界恐慌の元凶となった法律「グラス・スティーガル法」を廃止するという〝禁じ手〟を使ってしまったのである。僕は、ギリシャ神話の「パンドラの箱」を思い出さずにいられなかった。

1999年11月12日。禁断の「グラス・スティーガル法」が廃止されたこの日を境に、世界は投資銀行と商業銀行を中心に狂乱的に回っていくことになる。そして、リーマン・ショックを迎え、アメリカのオバマ大統領が、「グラス・スティーガル法」の廃止を再廃止したのだが（正確には、「グラス・スティーガル法」の一部を無効にする法案「グラム・リーチ・ブライリー法」の改正）、その痛手は、今日まで続いている。歴史は、何度も繰り返すのである。

倒産とリストラの嵐が吹き荒れた韓国

話をアジア通貨危機に戻そう。アジア通貨危機によって最も大きな打撃を受けたのは韓国だった。当時、順調に成長軌道に乗っていた韓国に、最初の「異変」が訪れたのは、１９９７年初頭のことだった。同年１月に財閥系の韓宝鉄鋼（現・現代製鉄）が倒産すると、これを機に韓宝グループと当時の大統領・金泳三氏の一族が巨額融資に関与したとの疑いが噴出。韓宝グループが破綻に追い込まれると同時に、当時の財閥グループの経営の行き詰まりが次々に表面化し、三美グループ、焼酎メーカーの眞露、さらに韓国第２位の自動車メーカー・起亜グループの破綻にまで発展する。これらの経営破綻は、本業ではなく、主に不動産投資の失敗によるもので、まさに日本のバブル崩壊と同じ図式といえるものだった。そして、これらの財閥に見境もなく融資していた銀行に対しても、融資の不良債権化や資産内容の健全性を懸念する声が大きくなっていったのである。

そして事態は、さらに深刻化していった。アジア通貨危機の勃発である。こうした一連の流れを不安視した格付け会社のムーディーズが、韓国の格付けをＡ１からＢａａ２にまで段階的に引き下げたため、株価はさらに下落。韓国には倒産とリストラの嵐が吹き荒れ、大量の失業者が生まれることになった。

当時、僕は韓国のトップ５に入る大手商社と、インターネットの仕事で大きな契約を結んでいた。２カ月に一度はソウルに出向き、日本とカリフォルニアで作られたこちらの技術を大手商社に供与していたのだ。まさか、あんなに大きな商社が瞬時に倒産するとは、契約締結時には考えもしなかった。しかし、ソウルを訪れるたび、人々には異変を感じていた。街の光景は2カ月前と同じなのに、僕には、人々は我を失い、街を彷徨《さまよ》っているように見えたのだ。

危機が始まった当初は、韓国中央銀行や通貨当局が必死にウォンを買い支えて暴落を防いだものの、1997年11月17日に都市銀行5行が外貨決済の不能に陥ると、ウォンは急落。金利は急上昇し、韓国の外貨建て債務は一気に膨張。打つ手がなくなった韓国当局は、ついに介入を諦め、11月21日にIMFへの支援を正式に要請。これは、事実上のデフォルト、つまり国家破綻である。

IMFは韓国の要請に対して、史上最大規模となる210億ドルの融資を決定する。これはタイ、インドネシアへの支援額を大きく上回るものだった。さらに韓国は、IMF以外にも、世界銀行やアジア開発銀行などから数百億ドルの支援を受けることになる。しかし、IMFは融資の条件として、韓国にさまざまな構造改革を迫った。危機直後、政権交代によって大統領に就任した金大中氏の政権は、まず財閥解体に着手し、およそ

30あった大財閥は半分以下にまで数を減らすことになった。また、公的企業の民営化や金融機関の再編、労働市場改革、外資への市場の開放など、徹底した新自由主義的構造改革を断行していったのである。

僕は、ＩＭＦ管理下になった韓国を、たびたび訪れることになる。契約を結んでいた大手商社から、少しの不払いが生じた程度で、こちらに大きな被害がなかったのは不幸中の幸いだったが、仕掛かりの仕事の事後処理をする必要はあった。そのＩＭＦ管理下の時期、ソウルのいくつものビジネスビルで乗ったエレベーターには、「閉じる」ボタンを押せないようにテープが貼られていた。無駄な電気代を使わないように、多くの人が乗るまで、エレベーターを勝手に閉じてはいけないのだ。

また、本書を執筆するにあたり、２０１３年に再びソウルを訪れ、当時の様子を改めて何人かに取材した際に、興味深い話を聞くことができた。愛国心にあふれた当時の韓国人は、自国の金融機関を助けようと、私物の金銀などの財宝を最寄りの銀行まで持ち寄ったそうだ。しかし、今は昔。ＩＭＦ管理以降、韓国では徹底的な個人主義が進み、再び金融危機が韓国に訪れても、私有財産を投げ打って自国の金融機関を助けようとするものは誰ひとりとしていないだろう、という声が多かった。

韓国が国家破綻した後、多くの韓国人は活路を海外へと見いだすしかなかった。英語力を徹底的に身につけ、いかなる場所であろうと、国家に頼らずひとりで暮らしていく力を備え、今や成人のおよそ10人に1人の韓国人は海外で暮らしている。それまで信じていた「国」が国民を助けられないことが誰の目にも明らかになったとき、信じられるのは「己」だけとなる。国家破綻後の韓国人は、それを身をもって証明しているのだ。

実際、IMF管理以降の韓国は、狭い国内市場からグローバルな市場へと向かったサムスンやヒュンダイなど一部の輸出企業が業績を急拡大させる一方、国内経済は停滞を続け、雇用環境はなかなか改善しなかった。大学を卒業した若者が就職先を見つけるのに困難な状況が続き、現在の極端なエリート主義や個人主義、想像を絶する苛烈な競争社会を生み出す一因になった。結果、50歳で定年せざるを得ない場合も少なくない。また、新自由主義的な経済の中で一層拡大した貧富の格差は、根強い社会問題として今もくすぶり続けているのだ。

【参考文献／ウェブサイト】
「通貨危機の拡大と実体経済の悪化」『通商白書（平成11年版）』経済産業省　第2章 第2節　http://www.meti.go.jp/report/data/g9tus05j.html
「政策評価のためのマクロ計量モデル」『基礎理論研究会報告書』　第3章２０１０年アジア経済研究所　http://www.ide.go.jp/Japanese/Publish/Download/Report/2009/pdf/2009_435_ch3.pdf

3 アルゼンチン

10年に一度のペース。デフォルト（債務不履行）慣れしている国民

アルゼンチン共和国は、サッカー大国としても名を馳せてきたが、他の南米諸国と比べて白人率が97％と非常に高く、文化水準が高いことでも知られている国家だ。首都ブエノスアイレスの美しい街並みは〝南米のパリ〟とも称されるほどで、ここはかつて、世界有数の豊かな国の素晴らしい首都だった。事実、20世紀前半、アルゼンチンは世界トップレベルの農業国で、かつては30年間経済成長率が平均６％を記録し、国民１人当たりの国内総生産（ＧＤＰ）が世界第４位を誇った頃もあった。

しかし、近年は１９８２年、１９８９年、２００１年と、およそ10年に一度のペースで経済破綻している、驚くべき「破綻常連国」になってしまった。１９４６年に誕生したペロン政権が「大衆迎合的なバラマキ政治」を行い、その後、米国の傀儡政権が続き、

米国のいいなりになった相次ぐ金融政策の失敗が積もりに積もって、１９８９年には、年率９００％のハイパーインフレが直撃した。政府はインフレ克服のため、１９９１年に1ドル＝1ペソのドルペッグ制を導入したが、ペソが過大評価のまま固定されたため、輸出がみるみる低下した。しかも、一度決めた固定相場をやめることは、「アメリカからの圧力」で政治的に無理であり、「本質とはかけ離れたペソ高」がその後も続くことになった。

そして、２００1年に再び破綻。その後は、国際通貨基金（ＩＭＦ）が介入する形でその借金を肩代わりしたのだが、21世紀初頭のグローバル・バブルと中国の台頭に後押しされながら、高い経済成長率を維持し続けて、２００６年には借入金を見事に完済し、奇跡のV字回復を果たした。このように、他国には見られない、激しい浮き沈みを経験した国がアルゼンチンである。

現在、アルゼンチンは再び国家財政破綻に直面している。高インフレ状態が続き、政府がインフレ率の数字を偽装。２０１３年1月にはＩＭＦから改善勧告を受けている。これまで常に突然の経済破綻をしてきたアルゼンチンは、今、再び不穏な空気に包まれはじめた。〝破綻慣れ〟しているアルゼンチン国民は今、いったい何を考え、どう行動しているのだろうか。その現在進行形で破綻に向かう様を肌で感じるべく、僕は何度かアルゼンチンを訪れた。

悲劇はいつも突然に訪れる

取材のため、僕が最初にアルゼンチンを訪問したのは２０１１年12月、南半球の暑い夏のある一日だった。この国が史上最悪の経済破綻を引き起こしてから、ちょうど10周年を迎えたその月。首都ブエノスアイレスの街の至るところに、２００１年国家財政破綻の悲劇を物語る巨大な写真が張り出されていた。激しい暴動の様子、撲殺された若者、大統領がヘリコプターで官邸から逃げ出す瞬間など、生々しい写真の数々には、「ディエスアニョス（10年）」という文字が刻まれ、黙禱を捧げる人々の姿も、街角のあちこちで見受けられた。

巨大な写真を見上げて立ち尽くす中年女性に話を聞くと、「この国の悲劇の幕開けは、いつも突然にやって来る」と、悲しげに呟く。多くの国を見て回ってきた僕は、国家破綻とは、ほとんどそのようなものだということを、よく知っている。どこの国でも、前夜には普段と変わらぬ平穏な街の風景があり、スポーツやおいしい食事に興じながら宴会が繰り広げられ、目覚めた翌朝、「我が国はデフォルト（債務不履行）しました」との不意打ちを食らうのである。この国も例外ではなかった。

２００１年12月。事実上の破綻の宣言がなされたあと、アルゼンチン貨幣の価値は、みるみる失われ、預貯金の貨幣価値も持っている資産の価値も実質的に8割減となってしまった。政府は銀行預金の流出加速に歯止めをかけるため、預金引き出しに徹底的に規制をかけて銀行を封鎖した。

国民は、現金を引き出すこともできず、どう暮らしていけばいいのか途方に暮れ、街の商店も仕入れの元手がないまま次々に休業へと追い込まれた。やがてモノがまったく手に入らない末期的な状態が訪れることになる。

破綻の予兆は、その半年ほど前に表れていた。２００１年夏、議会で検討されていた均衡予算を達成しようと、政府の支出を大幅に削ったところ、労働組合や各種団体が大規模なゼネラルストライキを敢行。これによってアルゼンチンに対する外国投資家の目が厳しくなり、突如通貨が暴落、そしてアルゼンチン国債の暴落が起こった。海外の金融マーケットがアルゼンチンの財政赤字、貿易赤字の状況が「限度を超えた」と判断した結果だったのである。

そして、２００１年12月１日。まず、銀行からの引き出し制限が実施された。アルゼンチン政府は、国民が銀行から引き出せる額を週に上限２５０ドルと発表。海外送金も制限され、また月４００ドルの年金支払いが滞り、銀行の前には、とにかく支払いを受けようと、老人たちが長い列を作っていた。

アルゼンチンには１９８９年の破綻を機に、外国資本歓迎策に乗って外資系金融機関が多く入り込んだが、国家の先行きに不安を持った人々が、あらゆる銀行の預金を引き出し始めているのを見て、金融業界、特に外資系金融機関はアルゼンチン政府に圧力をかけた。そこには、「米国ウォール街」からのものも少なくなかった。

一方、いよいよ資金難に陥ったアルゼンチン政府は、外国から借りた資金の利払いが難しくなり、ＩＭＦからの緊急支援を必要としたが、融資の条件となっていた緊縮予算案は決断力のない議会を通らず、結果的にＩＭＦは融資を断ることになる。そして、国民の政府に対する怒りは頂点に達していた。なぜなら、国民が週に２５０ドルしか下ろせなくなっている間に、外資系金融機関は大口取引が規制されなかったので、一カ月の間に150億ドルもの資金をアルゼンチン市場から引き出してしまったことが発覚したからだ。

12月24日、ロドリゲス・サー暫定大統領は、1320億ドルの対外債務の支払いを一時停止する、という発表を行う。事実上の国家財政破綻である。この結果、日本でもアルゼンチン政府が発行したサムライ債（円建て外債）の支払いがなされず、デフォルトとなった。このときすでに変動相場制に移行していたため、為替のレートが1ドル＝1ペソから1ドル＝1・5〜1・8ペソとなり、さらに国内銀行の総預金残高の70％がドル建てであったため、急激なドル不足となり、国民のドル預金を政府と金融機関が強制的にペソに換えていった。あわせてドル建ての定期預金も1ドル＝1・4ペソで強制交換し、その上に預金凍結を実施することになったのだ。

パンの値段がたった一日で10倍にまで跳ね上がり、パニックに陥った国民たちは、鍋釜を打ち鳴らしてのデモ行進で大統領官邸へと向かったが、官邸前に集結したあふれんばかりの人々は警官隊と衝突。怒号とともに火炎瓶が飛び交い、ついには撲殺される者まで出て、さらなるパニック状態を国家全土に巻き起こした。

事の重大さに慌てた当時の大統領は「非常事態宣言」を発令したが、爆発する国民の不満を収拾することはできず、ヘリコプターで官邸から逃走。わずか２週間の間に５人もの大統領が交代するという前代未聞の事態となった。騒乱は各地に飛び火し、数百人規模の略奪・暴動が自然発生的に広がる中、全国で20名もの死者を出す大惨事となってしまったのである。

アルゼンチンでは、２００１年12月24日を〝財政破綻記念日〟としている。「あの日の出来事は、私たちにとって忘れられない悲劇だ」と、街角である女性が話してくれた。経済的混乱により、失業率が50％を突破。通貨安で輸入品がまったく手に入らなくなり、特に医療品不足のため、手術にも影響が出る。都市部では治安が悪化し、恒常的に略奪、デモ、暴動が起きる。混乱を避けるために、多くの者が田舎へと疎開し、また海外へと逃げる者も多く、特に優秀な頭脳を持つ者たちはこれを機に欧州へと転出した。僕が２００８年にロンドンで出会ったアルゼンチン人ジャーナリストも、そんなひとりだった。彼は報道されなかった多くの出来事を、僕に教えてくれた。

その後、２００３年３月には１ドル＝３ペソまで回復。長い間凍結されていた預金は、やっと限度額付きで引き出し制限が解除されることになったが、実質相場１ドル＝３ペソだったのが、国が定めた新ルールによって1ドル＝2ペソで払い戻されたため、実質的に30％を超える資産没収となった。つまり、貯金が100ドルあれば本来300ペソ受け取れるはずが、実際は200ペソしか払い戻されなかったのである。

その間に激しいインフレが進んでいき、気がつくと国民の大半は、資産のほとんどを失っていた。

歴史に残る経済危機を経たアルゼンチンは、2003年以降、急回復を迎えることになるが、これを支えたのは農業大国としての利を生かした輸出政策だった。経済成長を続ける中国をはじめ、世界中で高まっていく大豆需要を見越し、大量の大豆を作って高値で売りつけることに成功。これが功を奏してアルゼンチンは窮地を脱し、奇跡的な経済成長を遂げていくことになる。しかし、所詮は他力本願の政策。2008年秋に起きたリーマン・ショック以降、世界の景気が後退したことで大豆の買い手は激減、次第に歯車が回らなくなり、今再び危機に直面しているのである。

市民の財産を守っている「地下銀行」

２０１３年８月下旬、１年８カ月ぶりに訪れたアルゼンチンは、２０１１年の訪問時とは打って変わって、殺伐とした空気に包まれていた。

空港の入国審査では、持ち込む携帯の台数を申告せねばならず、ｉＰｈｏｎｅを２台持っているだけで不審な目を向けられた。「アルゼンチンでは輸入はすべて禁止だ。密輸して転売する気か」と問われ、この国がいかに深刻な状況にあるかを、空港で実感せざるを得なかった。

ブエノスアイレス中心部にたどり着くと、陽気な南米の空気の中で、殺伐としたものを強く感じた。まず、街中のどの店のショーウィンドウにも高価な商品が見当たらないことに気づく。家電販売店の店頭では、電化製品の代わりにモノクロの商品写真のコピーが貼られる異様な光景が展開していたのだ。店員の話では「暴動でまた略奪されるのを恐れて、どの店でも本物はすべて金庫の中にしまい込んでいる」との答えが当たり前のように返ってきた。まるで、再び、何かが起きることを予感するように。

物価全体も前回訪問時より、かなり高騰している。スーパーマーケットで乾電池を購入しても、明らかに以前とは比べ物にならない高値である。すでにアルゼンチンは高インフレの真っただ中にあり、この２～３年の間に、食べ物も不動産も自動車も、すべてのモノの値段が倍になっている状況だった。

アルゼンチン政府が公式に発表しているインフレ率は年10％だが、民間や議会推計のインフレ率は7年連続で年25％と倍以上であり、実態をまったく反映していないのが現実である。世界の経済力を測る指標として、各国のビッグマックの価格を比較する〝ビッグマック指数〟というものがある。このビッグマック指数は、英国の経済誌「エコノミスト」が、各国が発表する数値ではなく、その国のビッグマックの価格から、その国の実態を見る独自の経済指標として知られている。

一般にビッグマックは、ほぼ全世界で同一品質のものが販売されており、原材料費や店舗の光熱費、店員の労働賃金など、さまざまな要因を元に単価が決定されているので、ビッグマックが安く買える国の通貨ほど過小評価されていることになる。例えば、日本でビッグマックが320円、アメリカで4ドルのときは320／4＝80となり、1ドル＝80円が日本円でのビッグマック指数となる。もしこの時点で、実際の為替レートが1ドル＝85円だとすると、為替レートはビッグマック指数に比べて円安であると見ることができる。1986年に考案されて以来、同誌で毎年、各国のビッグマックのドル建て価格が報告されている。

このビッグマック指数によって、アルゼンチンが強度なインフレ状態に陥っていることはすぐにわかってしまう。そこでアルゼンチン政府は自国のインフレ率を操作するため、ビッグマックだけ価格を引き下げるよう、マクドナルドに圧力をかけたのだ。僕が２０１１年にアルゼンチンを訪れた際に、マクドナルドをのぞいてみたが、ほかのバーガーが21～23ペソ（当時、１ペソは約18円）で売られているのに対し、ビッグマックだけが16ペソで特別セールされていたのに驚いた。どう考えてもこれはおかしい。メニューからも巧妙に隠されており、そこに意図的なものを感じずにはいられなかった。

こうした疑惑が深まる中、ＩＭＦがアルゼンチン政府に「正しい数値」への改善勧告をしたものの、政府は修正には応じない姿勢を見せていたが、２０１１年12月、ビッグマックの価格は突然26％も上昇し、やや適正な価格に戻ることになる。

今、アルゼンチン政府は、強度のインフレであることを、国外に悟らせないよう、あらゆる策を講じて必死だ。なぜなら、本当のインフレ率を国際的に公表してしまうと、ＧＤＰの算出に大きな変化が出て「先進国」としての扱いを受けず、Ｇ20に入ることができなくなってしまうからだ。政府としては、それだけは避けるべく、あらゆる手段を講じている。ビッグマックの価格だけを圧力で抑えるなど、まるで子供騙しのようだが、それだけ政府は必死だ、ということなのである。

ブエノスアイレスのストリートを歩けば、中年女性があちこちに待ち構え、「カンビオ（交換）」と大声で叫んでいる。２０１１年末には、一般の外貨取引がすべて中止となり、たとえ旅行者でもホテルや銀行で両替ができなくなったこの国では、観光客向けに高値で両替を行い、ドルやユーロをうまいことせしめようとする商売が横行している。声をかけてきたひとりに話を聞こうとするが、足早に姿を消してしまった。基本的に違法行為の上に、偽札もかなり出回っているからだ。

そんな中、僕が向かったのは、この国には無数にあるとされている「地下銀行」のひとつだった。ペソをドルに交換する違法商売を行う闇の銀行で、路上の両替と比べて倍はいいレートだが、人づての紹介がなければ入ることはできない。金融街の一角でひっそりと営業を続ける「地下銀行Ｂ（※イニシャルのみの仮名）」の入り口にも、当然のごとく看板などなかった。ドアホン越しに紹介者の名を伝えると、巨大な鉄製の重い扉がようやく開かれる。中に入れば、いくつかの小さな扉があり、一室に通される。簡素な机の上には電話と電卓、紙幣を数える機械のみが置かれていた。

出迎えたのは、この銀行の〝頭取〟を務めているミゲル氏。スペイン人とドイツ人のハーフというが、政府に知られることを恐れ、顔写真は撮影しないことを条件に話を聞くことができた。彼によれば、「国民の誰もが〝現在の外貨取引の中止は破綻へのカウントダウン〟だと認識している」という。

今、この銀行だけを見ても一日に両替する額は、日本円にして1億円にも上っており、両替に訪れるのは富裕層に限らない。青果店の店主やタクシーの運転手など、ごく普通の一般市民たちも、皆、地下銀行で両替し、日本円にして２００万〜３００万円程度のドルを自宅や地下銀行に隠し持っている状況だという。そこには「国内に仕事を持つ一般市民は、富裕層のように海外に逃げることができない」という背景がある。銀行が凍結された瞬間、市民の生活は完全にアウトになる。そのような事態に陥る前に、地下銀行で有り金すべてをドルに両替し、隣国のウルグアイの地下銀行に送金するなどして、各々で財産を守るしかない。何度も破綻を経験しているアルゼンチン人ならではの知恵である。

ミゲル氏は、１９８９年からこの商売をしている。２００１年の経済破綻のときには店の外まで行列ができ、人目につかないようにシャッターを下ろして、少しずつ中に入れ、慌てて両替したがる顧客を長時間にわたってさばいたという。この国でも〝金融業〟は表も裏も基本的にユダヤ人が元締めをしているが、現在では正規の銀行よりはるかに多くの地下銀行が動いているはずだ、と彼は語る。

どの地下銀行も警官にカネを握らせて目こぼしをしてもらうが、あまりにも大きくなりすぎて政府に目をつけられ、正規の銀行として活動するよう圧力をかけられることもある。街中で見かけた白亜の銀行「バンコピアノ」も、もともとは「カーサピアノ」という地下銀行だったそうだ。このあたりの表と裏の感覚はアルゼンチン独特だと思うが、日本のパチンコの両替の現状を思えば、実際は同じようなものなのだろう。

僕が2013年8月に訪れたときには、すでに正規の銀行で一日に下ろせる金額の上限はおよそ2万円まで引き下げられていた。その上、1000円だけATMから引き出しても、一回につき一律35ペソ（当時およそ500円）の手数料を取られるというのだから、無茶苦茶な話だ。人々は、現金を手持ちするはずである。

ミゲル氏は、「地下銀行は商売であると同時に、多くの市民を助けるものでもある」と自負する。彼が長年この商売をやってきた勘では、「そろそろ忙しくなる時期」であり、この先には〝必ず何かが起こる〟といっていた。

日系アルゼンチン人2世の僕の知人は、日本からの玩具の輸入を本業としてきた人物だが、「6年前から輸入取引が禁止されたため、裏ルートでやるしかない」と話す。こうした規制のために、例えば最新モデルのｉＰｈｏｎｅを入手したければ、ブラックマーケットと化している青空市に出かけ、30万円近くも支払わなければならないと教えてくれた。ｉＰｈｏｎｅ２台持ちしていた僕に、空港で係官がしつこいまでに詰問した意味が、やっと理解できた。

40歳過ぎの彼は、「これまでの人生の中で〝ある日突然、不動産の価値が半分になるような経済危機〟を5回は経験している」と話す。政府が情報を公にしないため、凶報はいつも突然にやって来る。ただこの国が、かつてと大きく違うのは、政府の圧力に屈しないマスコミが存在することである。

アルゼンチンでは、ただ一社、クラリン・グループの新聞やニュース番組だけは政府の圧力に屈せず、正しい情報を伝えてくれるという。つい最近も、現大統領が１０００億ドルもの隠し金を貯め込んだ口座を暴露していた。「リベラルな人たちは皆、ここの報道に注目しているんだ」と彼は話す。

アルゼンチンの政治は〝腐敗中の腐敗政治〟として悪名高い。一昨年には副大統領が紙幣の原版を盗む事件まで発覚したが、最高裁もグルのため、逮捕されることもなかった。誰もが「自分の身を守るためには、正しい情報を得て状況を把握するしかない」と考えているのか、クラリン・グループが放送する〝チャンネル13・カナルテッセ〟は視聴率第1位だ。

こうした情報をもとに、アルゼンチンの一般市民は速やかに行動を始める。標準的な生活水準にある彼もまた、数年前から国境を接したウルグアイに「金を貯め始めている」と話す。現在は、まだ月1万ドルまでなら合法的に国外に持ち出せるため、毎月9900ドルの金をウルグアイの銀行に運んでいるという。ブエノスアイレスからウルグアイは、ボートで1時間程度の距離のため、多くの一般市民がこうした行動を開始している。もっと大きな金額を隠し持っていけばいいと思うところだが、国境には札束のにおいを嗅ぎつける犬が待ち受け、見つかったら即、没収されるという。アルゼンチンではペソとドルのふたつの貯蓄を持つことが暗黙の常識。しかも、ふたつの国にまたがって預金している人もかなり多く、これは特別なことではない。

また、身につけられる高額なモノに替える者も少なくない。指輪や宝石、高額な腕時計などだ。もちろん、金（ゴールド）に替える者も多い。街中には「Ｏｒｏ」と書かれた金の売買をする店が活況だ。「不動産や自動車だと、大きくて目立つ上に、すぐに換金できず、さらに、信じられないほどの税金を突然かけられたら、もうお手上げですから」と、金を売買する店主は話す。

国民は誰もお金を信用していない

ボカ地区に向かうと、一角にあるカフェの中でマーケットが開かれていた。野菜や果物、焼きたてのパンに手作りの帽子などがずらりと並び、髪を切るヘアドレッサーまでいる。奇妙なことに、商品を買い求める人々の手に紙幣はなく、「１００クレジット」と書かれた見慣れないチケットでやりとりをしていた。ここは〝トルエケ〟と呼ばれる交換クラブで、ここの中では、現金を使うことを一切禁止している。

早速、ここボカ地区の「交換クラブ」コーディネーター、クリスティーナさんに話を聞いた。マーケットの開催日や開催場所を取り仕切っている立場にある彼女によれば、地域の交換会の場である〝トルエケ〟は、地元の人たちでたいへん賑わっており、市場を立てることもあれば、カフェで開催されることもあるという。共通するルールはただひとつ。〝お金を使ってはいけない〟ということのみで、その背景には、「誰もお金を信用していない」という暗黙の了解があった。

〝トルエケ〟とは、物々交換を意味する。その名のごとく物々交換できることはもちろん、散髪などのサービスの提供のほか、自分たちで作った「地域通貨チケット」と交換してもよい。チケットは、この「交換クラブ」のみで通用する。２００1年の経済破綻以降、全国各地で自然発生的にこうした場が次々と誕生していったという。

近年のアルゼンチン国民は、クレジットカードは一切使わない〝現金主義〟だ。その理由は、「自国の通貨価値を信用していないから」。そして、今となっては現金すらも信用できなくなり、全国各地の７０００もの地域でトルエケが開催されるようになっているのである。

そもそもトルエケは、美術館に勤務していたルーベン・ラベラという人物のボランティアから始まった。「貨幣を使わないことに意義がある。どんなに欲しいものがあってもお金では買えない」というルールを打ち立てて、わずか3人のメンバーで〝レッド・グローブ・デ・トルエケ〟という物々交換の場をもうけたのが、始まりだ。最盛期には一会場に５０００人もの人々が集まる大盛況ぶりだったというが、常に政府からの圧力を受け続けてきたという。

現在、各地のトルエケは組合に守られており、クリスティーナさんのような地域のコミュニティマネージャーが地域の代表者から依頼を受けて、開催日時や場所を設定している。彼女によれば、今「トルエケ全体の経済規模は５００億円にも上る」そうだ。

また、ここに並ぶ手作りの焼きたてパンは、街中のチェーン店で購入するより、遥かにおいしいのも特筆すべきことだ。工業製品のような食品ではなく、各々が手で焼き、持ち寄るパンがおいしいのは、いうまでもない。

日系アルゼンチン人2世の僕の知人によれば、裕福な人々は早々に海外へと逃げ出しているという。彼自身も生活の安定や子供の教育を考え、これからチリに軸足を移すつもりだと話していた。また、比較的お金がある人は郊外にセカンドハウスを買い、地方に自分の畑を持つことも多い。これも自衛の手段だ、と彼はためらいなく語った。

アルゼンチンの失業率は１９８０年以降、年々増え続け、２０１３年には40％を超えた。当然、失業中の若者も多いはずだが、彼らがいったいどうやって食いつないでいるのかといえば、「農業で暮らしている」のだという。仕事がなくても、郊外の土地は余っており、おかげでワイナリーや有機野菜栽培なども盛んになって、不思議なことに国全体の食材や料理のクオリティは上がっている状況である。また、荒れ地を自分で開墾して自給自足し、その経験を生かして家庭菜園を作る方法を教える者もいれば、廃棄処分になった食料品を集め、物々交換の場で他のモノに替えて暮らす者も出てきている。彼らは、モノがあふれる消費社会に警鐘を鳴らすため、お金を一切使わない〝フリーガニズム〟を提唱しているという。

破綻を予感しながらも、アルゼンチンの国民は悲壮感を漂わせることなく、着々と自衛の準備を進めている。こうした状況にあってもアルゼンチン人のメンタルは非常に強いと感じる。地下銀行の頭取、ミゲル氏の話では、「アルゼンチンは定期的に破綻するから、誰もがそれに慣れている」とのことだった。日本人が地震に慣れ、多少の揺れでは誰もパニックに陥らなくなっているのと大差ないのだという。彼らにとっての破綻も同じようなもので、誰も驚くことはない。破綻など、ただのリセット程度にしか思っていないのだ。ただし、巻き添えを被るのはごめんだ、と人々は日々自衛に余念がない。

【参考文献／ウェブサイト】
「世界のデフォルト経験国家一覧表（第二次大戦以降）」世界投資の情報ポータルサイト『海外投資データバン

ク』http://www.world401.com/saiken/default.html
「アルゼンチン経済の現状と今後の展望～南米随一の高成長に死角はないのか?」三菱ＵＦＪリサーチ＆コンサルティング・調査レポート　http://www.murc.jp/thinktank/economy/analysis/research/er_120316
「(世界発２０１２）アルゼンチン、物価の闇　インフレ率操作、政府に疑惑」（※朝日新聞２０１２年12月12日付朝刊12ページ）朝日新聞『ＮＩＥ教育に新聞を』http://www.asahi.com/shimbun/nie/kiji/kiji/20130125.html
「フェルナンデス政権の発足（訳・近藤功一）」『ル・モンド・ディプロマティーク日本語・電子版』（２００７年12月号）http://www.diplo.jp/articles07/0712.html
「アルゼンチンの悲劇」『田中宇の国際ニュース解説』http://tanakanews.com/c0117argentina.htm
『「中国商店襲ってメリークリスマス」扇動で緊張走る＝アルゼンチン』ライブドアニュース２０１３年12月22日　http://news.searchina.net/id/1519059
『中国で高まる大豆需要を背景に変貌を遂げる西半球の農業』（レスター・ブラウン、アースポリシー研究所創立者）ＩＰＳジャパン
http://www.ips-japan.net/index.php/viewpoints/520-chinas-rising-soybean-consumption-reshaping-western-agriculture
「膨らむアルゼンチン経済の矛盾」公益財団法人国際通貨研究所『国際トピックス』
http://www.iima.or.jp/Docs/topics/2013/234.pdf
「Big Mac Prices Soar 26%In Argentina」（By Matthew Yglesias）Slate『MONEY BOX A BLOG ABOUT BUSINESS AND ECONOMICS』
http://www.slate.com/blogs/moneybox/2012/06/13/big_mac_prices_soar_26_in_argentina.html

「アルゼンチンの人口・就業者・失業率の推移」世界の経済・統計・情報サイト『世界経済のネタ帳』
http://ecodb.net/country/AR/imf_persons.html
「物を買わずに生活、アルゼンチンのフリーガンたち」ＡＦＰ通信『AFPBB News』
https://www.youtube.com/watch?v=ZYG3NMAld_w&sns=tw

第2章

ユーロ圏危機に学ぶ「生き延びるヒント」

スペイン
SPAIN

ギリシャ
GREECE

キプロス
CYPRUS

1　スペイン危機

新設したのに飛行機が一度も発着しない空港

スペインには、一度も飛行機が飛んだことがない飛行場として有名な空港がある。バレンシア州に位置するカステリョン空港だ。この空港は、総工費1億5000万ユーロ（＊1）をかけ2011年3月に華々しくオープンしたものの、なんと国からの飛行許可を得ていなかったばかりか、設計ミスにより滑走路が使用できないことが判明（＊2）。膨大な維持費と赤字を垂れ流すカステリョン空港は、現在身売りが検討されているという。

（＊1）　The Telegraph "Spain's white elephant airport spents 30 million euros on advertising" http://www.telegraph.co.uk/news/worldnews/europe/spain/9003214/Spain's-white-elephant-airport-spents-30-million-euros-on-advertising.html

（＊２）　El País “Un mal cálculo obliga a rehacer parte del aeropuerto de Castellón”
http://ccaa.elpais.com/ccaa/2012/02/14/valencia/1329253727_378240.html

一方、マドリードと隣り合うカスティーリャ＝ラ・マンチャ州には、真新しい飛行場の廃墟がある。

シウダ・レアル・セントラル空港は、超大型機の離発着も想定し、総工費11億ユーロという巨費をかけて２００８年に完成したが、利用者数が予想を大きく下回り、乗り入れていた航空会社が次々と撤退することに。ついに開港からわずか3年半で、閉鎖に追い込まれてしまった。

21世紀に入ってからの数年間、スペインではこうした無用なインフラ設備やハコモノが大量に造られていた。それらはやがて、すべて不良債権となってスペインのあらゆる銀行の経営状態を悪化させていくことになる。

不動産バブルからの破綻

２０１２年６月９日、ユーロ圏17カ国の財務大臣が電話会談を行い、巨額の不良債権を抱えるスペインの銀行救済のため、最大1000億ユーロ（約10兆円）の支援を行うことを発表した。これは要するに、自国の銀行を救済できないほどスペイン政府自体の財務状況が悪化していることを意味した。

1000億ユーロといえば、スペインの国内総生産（GDP）の約10％に相当する大金だ。この金額だけをとっても、スペインがいかにひどい状況にあるかがわかると思う。今後スペインは、支援を受ける条件として、財政赤字の削減と金融セクターを中心とした厳しい改革を迫られ、と同時に、この支援金を金利も含めて5年以内に返さなければならなくなった。

この発表がなされたときにスペインにいた僕は、不思議なことに、大きく分けて2種類のスペイン人がいることを悟った。それなりに経済に明るく、今後の見通しを冷静に見ながらちょっとしたパニックになる人々。そしてもうひとつは、「もはや、自分には関係ないこと。どうにかなるさ」と考え、日々を楽しく過ごす人々。ラテン気質もあり、後者が大半のスペインで、この年の夏3カ月、毎週世界最大のクラブでDJをしながらイビサ島で過ごした僕は、まるで江戸時代の「ええじゃないか」のような感じを受けた。20代の失業率は50％を超え、国家は明日にも破綻という状況下で、人々は毎夜踊り狂っていたのだ。ちなみに、江戸時代の日本を席巻した「ええじゃないか」の流行の中、江戸幕府は、事実上崩壊することになる。

実際、スペイン政府がとった策はただの先送りにすぎなかった。すでに巨額の公的負債を抱えるスペインが、最大で１０００億ユーロに達する可能性のある借金を５年以内に自力で返済することなど、できるわけがないからだ。

つまりスペインという国家はこの年、事実上、破綻したのだ。ユーロ圏第４位の国力を誇り、バブルに沸いていたスペインは、なぜ破綻へと追い込まれていったのだろうか。それはかつて日本を襲ったのと同じ「不動産バブルの崩壊」から始まっている。

ここで、バブルの誕生から崩壊、そして事実上の国家破綻へとつながる「スペイン破滅への道」を、ひも解いてみたいと思う。

第二次世界大戦後、フランコ将軍による独裁政治が長く続き、民主化が遅れたスペインは、他の西欧諸国に比べて経済発展においても大きく出遅れていた。しかし１９７５年の民主化以降、スペインは１９８６年のヨーロッパ共同体（ＥＣ、現在のＥＵ）加盟、そして１９９２年のバルセロナオリンピック開催などを経て、１９９０年代後半には、実質ＧＤＰ成長率でＥＵ平均を上回るほどの成長を見せるまでに急速に発展していった。

一方、１９９９年にＥＵ圏に共通通貨ユーロが導入されると、それまでバラバラだった各国の政策金利は、欧州中央銀行（ＥＣＢ）の定める低めの金利に基づいて一斉に引き下げられることになる。そのため、もともと金利の低いドイツやフランスなどの国々から、高金利のスペインやギリシャへ、言い換えればＥＵ内の先進国から新興国へ、大量の資金が流入するようになった。端的にいえば、金余りの北の諸国から、資金不足の南の諸国へ、大規模な資本の移動が起きたわけだ。実は、その巨額投資の最大のターゲットになったのが、スペインだったのである。

資金が流れ込んだスペイン国内では、もともと高めだったインフレ率に低金利が重なり、一時は、実質的にほぼゼロ金利（もしくはマイナス金利）になった。企業も個人も自己を見失う、典型的な「借金したほうが得をする」ような状態になったわけである。

また、伝統的にスペインでは持ち家率が高いこと、そしてスペイン独特の長期住宅ローン（返済期間40～50年）があるということも、人々のマイホーム志向を後押しした。そこに移民や観光客の著しい増加、中長期滞在者による人口増加で住宅ニーズが高まったことが加わり、急速に住宅・不動産ブームが進行していくことになる。これがスペインの不動産バブルの幕開けである。

この不動産バブルの波に乗り、スペイン政府や各自治体は銀行や建設業者と結託し、インフラ整備や「ハコモノ」といわれる公共投資にすさまじい勢いで金をつぎ込むようになっていく。冒頭で紹介した空港のみならず、高速道路や鉄道、大規模なニュータウン建設といった開発の波が、スペイン全土を次々と呑み込んでいく。そう、まるでかつての日本と同じように。この頃のスペインの状況は、日本のバブル時の状況に、恐ろしいほどよく似ていると、２００９年にスペインに移住した僕は実感していた。

日本政府による「シルバーコロンビア計画」

ところで、少し話はそれるが、日本がバブル景気に沸いていた１９８０年代半ば、実は当時の通産省肝いりのプロジェクトとして「シルバーコロンビア計画」なるものが提唱されたことがあった。それは物価の安い海外に、リタイアした日本人が退職金と年金を使ってゆっくり余生を過ごすリゾート、言うなれば日本人村を建ててしまおうというもので、なんとその計画には当時まだ物価の安かったスペイン南部・アンダルシア州のリゾート地、コスタ・デル・ソルも含まれていたのである。今では想像もつかないが、なにしろコスタ・デル・ソルの海岸沿いの一軒家は、日本円で当時700万円程度だったのだ。

シルバーコロンビア計画は、結局、国内外からの批判で立ち消えとなったが、それからおよそ15年後、2000年を前後して〝ユーロバブル〟が始まった。バブルのはじけた日本に代わり、イギリスやドイツがこの地に一大リタイアメント・リゾートを建て始めたというのは、なんとも皮肉な話だと感じている。

スペインのリゾート地の物件価格は、不動産バブルの波に乗って値上がりしていくことになる。80年代後半に700万円程度だった海沿いの一軒家が、わずか数年で4000万〜5000万円に跳ね上がるケースも少なくなかった。実際、バルセロナに住んでいた僕にも、「セカンドハウス購入」の営業が、ひっきりなしに訪ねてくるようになったのだ。

さらに、スペインの不動産に目をつけたドイツ人やイギリス人、フランス人たちは、海辺のリゾートに限らず、スペイン各地で物件を買い漁っていた。一方のスペイン人も、住宅ローンをガンガン組んで、家やマンションを、右肩上がりに値上がりすることを前提に、買いまくっていた。

こうしてスペインの住宅価格はわずか10年で約３倍に高騰（＊３）したのである。住宅の年間着工件数にいたっては、なんとフランス、ドイツ、イギリス各国の着工件数を合計した数を超えていたのだから、まさに「熱狂」「狂騒」としかいいようがない。

デザイナーなどの自由業を営むスペインの友人たちも、「借金して購入した物件を誰かに貸し出し、いかに楽して暮らすか？」に、日々頭を使っていた。そして、言い訳は決まっていた。「うまくいかなくなったら、売るか、自分で使えばいいさ」。かつて、僕が80年代の終わりに日本で聞いたのと同じようなことを、多くのスペイン人は唱えはじめていたのである。

＊３　内閣府『世界経済の潮流２０１２年Ⅱ』第２-１-16図（２）より
http://www5.cao.go.jp/j-j/sekai_chouryuu/sa12-02/s2_12_2_1-2html

不動産業者も建築家もウハウハ状態がしばらく続いていたが、このときにどこより鼓舞したのは、実はスペインの銀行だった。特に積極的だったのは、スペイン全土に45行あった「カハ」（Caja）と呼ばれる貯蓄銀行である。日本でいえば、地元密着型の信用金庫といったところで、実質的には地方自治体が運営しているケースが多く、もともとは地域への貢献を目的に設立されたものだった。ところが、不動産バブルに目がくらみ、やみくもな融資に走るカハが現れたのである。

カハの中には、住宅ローンに高級家具や自動車、旅行などをセットにしてローン返済額を引き上げたり、「頭金なし」「超低金利」を謳い文句にしながら実際は利用者の利子負担が下がらないようにするなど、まるで詐欺のような手口を使っているところも少なくなかった。またローン審査もいい加減で、返済能力のない人にも誰彼構わず融資しているケースが山のようにあったのも事実である。焦げつく可能性が非常に高いにもかかわらず、むちゃくちゃな融資が行われていた実態は、まさにアメリカのサブプライムローン問題と同じだった。これはスペインに限ったことではなく、フランスをも含む、南欧全体の傾向だった。

このように乱脈な貸し付けが増えるにつれ、スペインでは外国からの借り入れが増え始めたが、アメリカの格付け機関スタンダード&プアーズが、スペインの長期国債の格付けをトリプルAに引き上げると、外国からの資金流入は一段と加速していくことになった。

饗宴はサブプライムローン問題で終わりを告げる

しかしながら、スペイン全土を巻き込んだバブルの狂騒は、２００７年のサブプライムローン問題、そして２００８年のリーマン・ショックによって、徐々に終焉を迎えていく。欧州で暮らしていると、不思議な「時差」に気がつく。２００８年ニューヨークで起きたリーマン・ショック後、震源地の米国も、また欧州の金融センター英国も、ただちに街の雰囲気が一変し、緊張感がみなぎっていた。しかし、スペインをはじめとする南欧は、この時点では、まだ人ごとだった。２００９年になっても、誰も急激に身を引き締めるようなことはせず、街にもまだまだバブル臭が漂っていた。

その後、まるで時差があったかのように、徐々に失業率が高まり、スペイン南部を中心に状況が一変していくことになる。この状況は、ギリシャをはじめ南欧全体に時差があり、よってギリシャ危機を多くの南欧の人々が理解するのは、２０１０年になってから、ということになる。

人々を熱狂させた「真夏の夜の夢」は、ローン返済や失業という悪夢のような現実となって跳ね返ってくることになった。

サブプライムローン問題に端を発した不吉な予感が世界中を覆い始めた2008年初頭。これまでスペインに積極的に投資していたドイツやフランスの銀行が、一転して投資資金を回収し始めたのだ。それはつまり、スペインの住宅バブル崩壊を懸念した「貸し剥がし」だった。資金の流入が止まったスペインでは、2008年第2四半期、それまでうなぎ上りだった住宅価格が、対前年比で下落を始めることになる。これはまさに、スペインのバブル崩壊のプロローグだったのである。

2008年9月にリーマン・ブラザーズが破綻すると、その衝撃は信用収縮という大波となって、世界中を呑み込んでいった。資金繰りが悪化した銀行からの融資が途絶え、スペイン各地、特に南部の建設現場では、せわしなく動いていた大型クレーンが動きを止め、工事は次々と中断されていった。すでに完成した住宅開発地区では、買い手のない物件が大量に残り、人気《ひとけ》のないゴーストタウンがあちこちに出現することになる。マドリードやバルセロナといった大都市の周辺、トレドやグラナダなどの観光都市の郊外、そして地中海沿いのリゾート地には、そのように住み手を失ったゴーストタウンが、まるで新しい遺跡のように数多く残されていったのだ。

次に起こったのは、失業の増加だ。ここで多くのスペイン人は、遠くアメリカで起きていた「リーマン・ショック」が、回りに回って自分たちの生活を壊し始めていることを理解できるようになった。これまでスペインの活況を支えてきたのは、主力産業といえる観光業と建設業で、労働力の20％は建設関連に雇用されていた。つまり２０００年代初頭のユーロバブルの10年間では、労働者の５人に１人が建設業に従事していたのである。

労働者の権利が強いスペインだが、非正規雇用労働者が労働力全体の約３割に達していて（＊４）、その多くは建設業に従事していた。この状況は、かつてバブル時に日本で「タバコ店より土建業のほうが多く、猫でも雇いたい」と言われていた状況に酷似していると僕は感じた。住宅バブルの崩壊後、こうした非正規雇用労働者は一斉に解雇されることになる。

＊４　「２０１０年秋　スペイン24時間ゼネストとその周辺」国際経済労働研究所『Int'lecowk―国際経済労働研究』２０１１年５・６月号（通巻１０１０号）

http://www.iewri.or.jp/cms/archives/2011/06/1201092.html

通貨ユーロが実施されて以降、好景気が続き、２００７年には８％前後にまで下がっていたスペインの失業率は、２００８年のバブル崩壊を境に再び上昇に転じ、２００９年には約20％にまで一気に跳ね上がっていった。そして、２０１２年第４四半期の失業率は26％を記録。ついに、スペイン史上最悪の水準に達してしまったのである。中でも若年層の失業率は深刻で、25歳以下の失業率に至っては60％という絶望的な数字が出ている（＊５）。これは日本人にはちょっと想像のつかない数字で、若者の３人のうち２人に仕事がなく、働き盛りの国民の４人に１人が仕事に就けない状況だった。恐ろしいことに、これが数年前までバブルに沸いていたスペインの現実なのである。

＊５　「スペイン失業率、第４四半期は26％　統計開始以降の最悪水準」ロイター２０１３年１月24日 http://jp.reuters.com/article/marketsNews/idJPTK832057920130124

仕事がなく、職を失った人々がこれだけ増えたのだから、当然のようにローンの支払いができなくなる人も続出することになる。２００８年以降、何万人もの人々が家を失っていった。実際、僕の友人の多くも都市部を離れ、実家に帰る者が続出し、もしくは、生活コストが安い田舎へと引っ越す者が多かった。スペインでは、立ち退きの強制執行の最中に住民が投身自殺する事件も相次ぎ、大きな社会問題になって、日々新聞のトップを飾っていた。

さらに悪いことに、不動産バブルを主力エンジンとして成長してきたスペイン全体の景気も、バブル崩壊で一気に失速していった。これまで3〜4％を安定的にキープしていた実質ＧＤＰは、２００９年に一気にマイナス３・７％まで落ち込んでしまうことになった（＊6）。景気の悪化に直面したスペイン政府は、国民の激しい不満を抑えるように大規模な景気刺激策を実施することになる。これは一定の効果があったものの、その代償として多額の財政出動を強いられることになり、政府の財政赤字はどんどん膨らんでいった。また、社会保障費の増大が、厳しい財政にさらなる追い打ちをかけることになった。このあたりの状況は、決して他人事ではないと感じる人も多いだろう。

＊6　財務省『スペイン、イギリスから見た欧州マクロ経済』より
http://www.mof.go.jp/pri/research/conference/zk095/zk095_18.pdf

共通通貨ユーロの導入以前であれば、自国通貨を切り下げたり、善し悪しはともかく、

緊急措置として、紙幣をガンガン刷って大規模な金融緩和を行うこともできたのだろうが、ユーロが共通通貨である以上、それはできない。なぜなら、ユーロ圏の金融政策の決定権も、紙幣発行の権限も、すべて欧州中央銀行にあるからだ。つまり、ユーロの一員であるスペインには、独自の金融政策をとる術がなかったのである。この教えは、共通通貨に限らず、事実上ペッグ制になっている通貨や、大国の意向を受けて金融政策をしている国家であれば、どこも同じことだ。

スペインの各銀行では、バブル時代に乱脈融資した大量の不動産が軒並み不良債権化し、経営を大きく圧迫していた。特に問題視されたのが、前述のカハ（貯蓄銀行）だった。カハが融資していた案件は、なんと6割以上が不動産関連といわれており、バブル崩壊の直後から経営は瀕死の状態に陥っていた。そして２００９年３月、ついに金融危機後初となる銀行の国有化が行われることになった。経営難にあえぐカハ・カスティーリャ・ラ・マンチャが、スペイン中央銀行の管理化に置かれたのである。スペインではこれを機に、銀行の合併、再編が急速に進んでいくことになる（＊7）。

＊7　「スペイン中銀が地銀を管理下に　今回の危機で初の銀行国有化」ロイター２００９年３月30日
http://jp.reuters.com/article/worldNews/idJPJAPAN-37219720090330

瀕死のカハが次々と統合・再編される中、最も大きな注目を集めたのは、２０１０年12月に誕生した「バンキア銀行」である。長い歴史を誇る老舗カハ・マドリードを中心に、７つのカハが統合して設立されたバンキア銀行は、顧客数１２００万人を抱えるスペイン第３位の銀行となったのだが、実はこのバンキア銀行こそ、後にスペインを国家破綻へと追いやるトリガーだった。

バンキア銀行は、スペインの銀行再建基金（ＦＲＯＢ）から約45億ユーロの援助を受け、２０１１年７月に上場を果たす。欧州銀行監督局（ＥＢＡ）が行ったストレステスト（資産査定）の結果によれば、当時バンキアは資本基準を満たしていたはずだった。ところが、それからわずか10カ月後の２０１２年５月、バンキアに対する公的資金注入が発表されたのである（＊８）。これは、さすがに誰でも「おかしい」と気がつくことだ。問題部分を切り離し、各行を再編し、約45億ユーロの援助を受け、厳格な審査を経て上場した銀行が、いきなり公的資金注入（スペイン国民の税金で救済）では、誰もが「騙された」と感じるはずである。実際、黒字と公表されたはずの２０１１年の収支が、実は30億ユーロの赤字だったことが判明（＊９）。バンキアはスペイン政府に対して、さらに１９０億ユーロの資金支援を要請することとなり（＊10）、事実上、国有化されてしまったのである。また、それと同時に、多くの国民が金融機関への不信、国家システムへの不信を大きく募らせていった。たとえ、どんな先進国であっても、政府は巧みに真実を隠し、本当のことは言わない、と人々は悟った。そして、これを機に、預金を同じユーロ圏内の他国の銀行（大多数はドイツ、富裕層はスイス）へと移す国民が増えていったのである。いわゆるキャピタルフライトだ。

＊8、10　「スペイン大手銀バンキア国有化へ　1・9兆円支援要請」日本経済新聞Ｗｅｂ　２０１２年5月26日
http://www.nikkei.com/article/DGXNASGM26014_W2A520C1000000/
＊9……「Bankia reformula sus cuentas y admite pérdidas de 2.979 millones en 2011」スペイン紙エル・ペリオディコ２０１２年5月25日
http://www.elperiodico.com/es/noticias/economia/bankia-reformula-sus-cuentas-admite-perdidas-2979-millones-2011-1836341

不良債権問題によって破綻寸前の銀行は、もちろんバンキアだけではない。膨れ上がった財政赤字を抱えるスペイン政府に、もはやスペイン中の銀行を救済する力などないことは、誰の目にも明らかだった。こうして前述したように、２０１２年6月9日、スペインはユーロ圏から最大１０００億ユーロ（約10兆円）の支援を受けることをユーロ圏各国の財務大臣と合意し、事実上の破綻に追い込まれたのである。

ムーディーズによる格付け、９段階の引き下げ

それでも当時のスペイン政府は、国家破綻の危機を否定し、この多額の支援金について「投資」であるといい張っていた。しかしながら、世界の市場がそんな滑稽な主張を信じるわけがない。この発表から1週間と経たない6月13日、米国の格付け機関ムーディーズはスペイン国債の格付けをトリプルＡからＢａａ３まで、一挙に9段階引き下げることになる。そして翌14日、スペインの10年物国債の利回りも、ついに危険水域といわれる７％を突破してしまった。この時点で、スペインが自力で財政を再建するのは、ほぼ不可能だったが、それでも時のスペインの財務大臣クリストバル・モントロ・ロメロは「スペインは救済を必要とはしていない」との主張を崩さなかった（＊11）。僕自身、多くの破綻に向かう国家の中で暮らし、その中で仕事をしてきたが、時の政治家や官僚は、絶対に自分たちの非を認めることはない。これも、歴史的事実である。

そして、その直後、バンキアの株価が上場時の5分の1にまで暴落し、預金者や投資家たちをはじめ、世論には激しい怒りが噴出した。というのも、バンキアはスペインの元財務大臣が天下りした先だったことが発覚し、その元財務大臣が負債を隠蔽していた

からである。もともとカハは、その運営に関して地方政府とのつながりが強く、地元の政治家などとの癒着がかねてから指摘されており、わかりやすくいえば、汚職の温床だった。バンキア内部の不透明なカネの流れが、迂回に迂回を重ね、政界へと流れ込んでいたのは間違いない。さらに公金による救済劇のさなかにもかかわらず、一部の銀行幹部たちが経営責任も問われず、多額の退職金と年金とともにバンキアから逃げ去っていったことも、人々の怒りをかき立てることになった。

＊11 「Montoro: "España no ha sido rescatada porque no lo necesita"」スペイン紙エル・ペリオディコ２０１２年６月20日
http://www.elperiodico.com/es/noticias/politica/montoro-espana-sido-rescatada-porque-necesita-1948101

スペイン各紙は、バンキアの破綻について「これはもはや国家的な犯罪である」と報道した。スペインが日本よりまだよかったのは、ジャーナリズムがこの天下りの腐敗を見つけ出し、市民団体が腐敗をさらに暴くために雇う弁護士費用２００万円を新聞で公募したところ、わずか一日で集まったほど、政治腐敗を正し、国をよくしようとするメディアと市民団体の考えが一致しているところだ。だから欧州中央銀行は、スペイン政府を救ったのではなく、腐敗した政府を正そうとするスペインの国民に１０００億ユーロを支出した、といわれている。

その後、バンキアの前会長や執行部は詐欺や粉飾決算の疑いで刑事訴追された。こうした銀行家たちだけでなく、彼らのおこぼれに与《あずか》り無策で放置した政治家に対しても、スペインの人々は絶対に「なかったこと」にしない。そんな強さを見ることができる。

実際、今回の金融危機で、いちばん大きな苦労と我慢を強いられているのはほかならぬスペイン国民なのは間違いない。教育費や医療費は大きく削られたほか、２０１２年9月からは日本の消費税に当たる付加価値税の引き上げによって、電気、ガスなどの公共料金が一斉に値上がりすることになった。さらに、バスや鉄道など公共交通機関の運賃も次々と引き上げられている。不思議なことに、財政破綻が近づくと、庶民の生活は苦しくなる一方で、金融機関や大企業、政治家の懐ばかりが温まるのも、歴史の教えである。

街には失業者があふれ、スリやひったくりといった犯罪も増加した。さらに、舵取りを間違えた政府に対するストやデモも頻繁に行われていた。病院や地下鉄、スーパーなどで大規模なストがたびたび起き、その中には一般市民のみならず、判事や警察官によるデモまである。２０１２年9月には、市民による大規模な緊縮財政反対のデモ隊が警官隊と衝突する事態となり、ついに負傷者が出てしまった。こうしたストやデモは、規模の大小はあれど、スペイン全国で毎週のように行われていた。このデモやストがさらに暴動へと発展する可能性は、誰にも否定できないはずである。

また、人口160万人（周辺人口350万人）のバルセロナでも、150万人規模の大きなデモが行われていた。そのデモのスローガンは「スペイン中央政府に富を奪われるな！　独立するべきだ！」というものであった。

地域が国家を超える時代

カタルーニャ州は観光によるGDPが高く、それなりの産業もあるので、人口は少ないが、スペイン経済の5分の1以上を担っている。欧州北部であるドイツが、スペインや南欧諸国をカバーしているように、ここスペインでもスペイン北部が、スペイン南部をカバーしているという、同じ構造があるのだ。

実は、ここがギリシャと大きく異なるところだ、と僕は思っている。ギリシャには、南北問題がそれほどなく、言うならば「すべて南」の国家だ。しかし、スペインは違う。

また、ヨーロッパ全土を俯瞰しても、南北問題は大きい。そこには南北格差が存在し、それゆえ投資が北から南へと流れ、それによってバブルが起きたことは前述したとおりだ。マクロで起きたことは、ミクロでも起き、ミクロでも起きたことは、マクロでも起きるのである。

もともとバルセロナを州都にするカタルーニャは、スペインではない。市民戦争に負け、中央政府マドリードの圧政に苦しみ、近年までカタルーニャ語を話すことさえ禁止されていたのだ。だから、マドリード＝スペイン政府は、今でも敵国同然なのである。その敵国スペイン政府に対して、これ以上我慢ならない、と市民は蜂起した。

このカタルーニャ独立運動は、すでに市民デモから次のステージへと上がっている。ひとつは、カタルーニャ自治政府のアルトゥール・マス知事が、「州内から徴収する税の使途について、もっと裁量が認められなければ独立を探る」と公式に独立に関する趣旨の発言をしたことで、独立機運はより公的なものとなった。

そしてもうひとつ、サッカーチーム「ＦＣバルセロナ」（通称バルサ）の前指揮官、ジョゼップ・グアルディオラが世界的なスポークスマンとなって、カタルーニャの独立をメディアに喧伝している。これはかなり強力な世界への立場表明であり、２０１２年９月の独立デモの際にも、グアルディオラはアメリカからビデオ参加し、世界の報道機関から注目を集めた。実は大規模デモが行われた９月11日は、スペイン継承戦争のバルセロナ包囲戦でカタルーニャが敗れた〝カタルーニャの日〟であり、アメリカで起こった同時多発テロの９月11日は、カタルーニャにおいては、忘れられない別の意味を持つのだった。

その後、ついに「２０１４年11月にカタルーニャ独立を問う住民投票が行われる」と発表されたが、同年４月にはスペイン国会で否決されてしまう。だが、このままで収まるとは思えない。現在も引き続き独立ムードに沸くカタルーニャ。州都であるバルセロナの街は相変わらずの活況ぶりで、観光人口は今も増え続け、税収も増えている。カタルーニャの人々は「我々はスペイン国民ではなく、ユーロの一員である」と誰もが強く思っている。国家を超えて、地域へ。そう考えているのは、カタルーニャだけではなく、英国のスコットランドもオランダのフランドルも同じだ。欧州危機以降、信用できない国家ではなく、目の届く範囲で「新しい自治」を考え始める地域が続出し、地域独立機運が欧州のあちこちで起きている。

バルセロナを歩くと、実に不思議な感じがする。スペイン語のメニューだけではなく、英語、ドイツ語、なかにはロシア語表記の店も格段に増えたと感じる。今、相対的にスペイン人が減り、国外からの人々が増え続けるこの街は、グローバリゼーションが行き着く未来都市なのだろうか？　これが正しいか間違っているかではなく、後戻りできないことは確かだ。欧州が直面している財政問題は、すでに財政のレベルを超え、社会の枠組みの大きな変化が必要な時期に差しかかっている。グローバル企業が国家を超えたように、いよいよ地域が国家を超える時代。それが始まるように僕は感じる。

【参考文献／ウェブサイト】
「スペイン、金融不安の原因は『不動産バブル崩壊』」産經新聞web ２０１２年7月27日
http://www.iza.ne.jp/news/newsarticle/world/europe/579544/
内閣府『世界経済の潮流２０１２年Ⅱ』第2章　第1節
http://www5.cao.go.jp/j-j/sekai_chouryuu/sa12-02/s2_12_2_1.html
「知られざる欧州の素顔　スペイン：不動産バブルの崩壊と排他主義」日経ビジネスオンライン ２００８年４月３日　http://business.nikkeibp.co.jp/article/money/20080328/151583/?P=1
「スペイン救済、病巣は銀行」日経ビジネスオンライン ２０１２年6月18日
http://business.nikkeibp.co.jp/article/topics/20120614/233346/?rt=nocnt
「スペインの銀行危機とECBの政策対応」住宅金融支援機構　http://www.jhf.go.jp/files/100510579.pdf

「『不良債権とデフレ』15年戦争」小林慶一郎　経済産業研究所　文藝春秋２００４年新年特別号
「スペインにおける移民政策：ヨーロッパ諸国との比較において」森田有貴　龍谷大学大学院法学研究２００６
「空き家、ハコモノ、巨額負債　『スペイン危機』の現実」CNN.co.jp ２０１２年7月20日
http://www.cnn.co.jp/business/30007411.html

２ ギリシャ危機

ギリシャの財政問題が、なぜ欧州全体に広まったのか？

政権交代によってギリシャの財政赤字の隠蔽が明らかになった２００９年10月。ヨーロッパ全土を揺るがすソブリン危機（国家が保証する債務、国債などが支払われなくなる状態）のすべては、ここから始まった。ギリシャを震源とし、アイルランドやポルトガル、スペイン、そしてイタリアへと瞬く間に広がり、２０１２年の初頭にはユーロ崩壊が懸念されるまでに至った。

国家破綻の危機に直面したギリシャに起こったこと、そしてユーロ圏の３％ほどの経済規模しかない小国ギリシャの財政問題が、なぜ欧州全体の信用不安を引き起こしたのか、危機真っただ中にアテネへ出向いて、経済学者から公務員まで、多くの人たちに直接話を聞くことにした。

粉飾でEUに入ったギリシャ

２００９年10月、ギリシャでは総選挙が行われ、新しく中道左派のパパンドレウが首相の座に就いた。その直後、パパンドレウ新政権は、ギリシャの財政赤字額が旧政権によって実際よりもかなり過小報告されていたとして、２００９年度の債務統計を大幅に上方修正。これまで国内総生産（ＧＤＰ）の４％程度とされていた財政赤字は、実際には13％を超えるレベルに達しており、公的債務残高も対ＧＤＰ比で１１３％に上っていたことが露呈した。

これはユーロ加盟国が守らねばならない「安定・成長協定」に定められた「財政赤字はＧＤＰ比３％以内」という条件を大幅に上回る数字である。実はギリシャは、２００1年のユーロ導入の際にも粉飾を行っていて、必要な財政赤字基準を実際はクリアしないままユーロに加盟したという「前科」があった。もっといえば、そもそもギリシャという国は、１８３０年に独立して以降、国家の歴史の半分以上がほぼデフォルト状態という「問題児」だったのである。

ギリシャ政府が抱える財政問題は、いうなれば他のすべての先進国にとっても共通の問題ともいえる。だが今回の危機には、ギリシャ特有の問題が大きく絡んでいる。そのひとつが、政治の腐敗だ。過去30年にわたり、ギリシャでは拡大的な財政政策が進められてきたが、その多くが利権絡みの非効率的な公共投資であり、その結果、公的部門の歳出が膨れ上がったことが赤字拡大につながった。

人口１１００万人のうち、公務員の数は１１０万人に上り、なんと10人に１人が公務員として、民間よりも高い水準の給与を国や自治体からもらっていたのだ。トップの政治家が変わると、それに付随するように、縁故のものが次々と公職に就くことも多い。また、それ以前から働く者は、その職を譲るわけではない。こうして、ギリシャでは公務員が増える一方となっていた。

また、多くの資格や許認可が政治家に委ねられているため賄賂や汚職、脱税が横行し、徴税システムがまともに機能していなかったことも一因とされている。さらに、年金制度にも問題がある。経済協力開発機構（ＯＥＣＤ）の年金資料によると、ギリシャの年金給付額の現役世代平均収入に対する比率は約96％で、こうした手厚い年金制度が財政を圧迫していたことは、誰の目から見ても明らかだった。

財務危機への突入

２００９年11月25日。ドバイ・ショック（ドバイの政府系持株会社ドバイ・ワールドと関連不動産会社ナキールの債務返済延期による世界的な株価急落）によって、市場の関心は表面化したギリシャの債務危機に向かうことになる。いよいよギリシャは、国家破綻するのではないか。金融関係者なら世界中の誰もがそう思い始めていた。

そして２０１０年１月、欧州委員会（ＥＵの政務執行機関）がギリシャの経済統計の不備を指摘したことにより、市場はさらに大混乱となる。

本来、巨額の財政赤字は（日本やアメリカがそうしているように）国債の発行で賄うことができるが、すでに述べたように、ギリシャが財政上あまりに多くの問題を抱えていることは、周知の事実だった。そのため、格付け機関は次々とギリシャ国債の格付けを引き下げ始めた。ギリシャ国債は、日本と違ってその7割以上を海外投資家が所有している（『ソブリン・クライシス』より）。そのため、危機が表面化すると同時にギリシャ国債は次々と売られ、金利も上昇していくが、その歯止めは誰にもかけられるものではなかった。

あわてたギリシャ政府は、増税や年金削減、公務員の給与カットなどの財政健全化計画を発表するが、無能な政府のツケを一気に払わされることになったギリシャ国民は、緊縮財政策に激しく反発。首都アテネでは連日のようにストライキや抗議デモが行われ、一部の暴徒化した若者たちが火炎瓶を投げ、銀行を襲撃するなど、日に日に激化していくと同時に、その映像はたちまちニュースとなって飛び交い、国家の異常事態を世界へさらすことになってしまった。

この映像を見て、僕はすぐさまアテネに出向いた。まず目に飛び込んだのは、美しい街並みを埋め尽くすほどのゴミの山だ。公務員の給与カットに反発した清掃職員がゴミの回収を拒否したため、高級住宅街もブランド店の軒先もゴミだらけになり、悪臭を放っている。その光景に、思わずあぜんとしたものだ。歴史ある美しい観光都市が、あっという間にゴミ溜めに豹変したのである。そんな中、文化省の職員がストに入ったため、観光名所のパルテノン神殿をはじめ多くの美術館が閉鎖。地下鉄も運休が続くので、移動したくても移動できない。観光立国のギリシャにとっては大打撃となる。さらには、年金カットを苦にした年金受給者が抗議の自殺を図り、国会議事堂の前では毎日デモが繰り広げられていた。僕はそんな殺伐とした街をくぐり抜けるようにして、人々の話を聞きに出向いた。

ギリシャ国民の怒りはドイツへも

ギリシャ国民の怒りの矛先は、ＥＵ最大の勝ち組である経済大国ドイツにも向かっていた。なぜなら、財政危機に陥ったギリシャに対し、最後まで支援を渋ったのが、ほかならぬドイツだったからである。

今回の危機の行く末は、「放漫財政のツケは自分で払え」といわんばかりにギリシャを追い込むドイツの言い分を、ギリシャ人が本当に呑むのか、がひとつの焦点となっていた。アテネの街中では、ドイツ国旗を燃やす者もいたのだが、一方、多くのドイツ人ビジネスマンを僕は目撃することになる。いうまでもなく、ギリシャの資産を「買い叩きに」来た人たちである。

「ギリシャが破綻したら、国営企業の多くは民営化され、ほとんどが外資のものになるだろう」

アテネ大学経済学部のダラマガス・バッシーズ教授の言葉は印象的だった。ギリシャでは、電気やガスなど公共部門の多くが国営企業によって担われているが、今回の財政再建計画には、これら国有資産の売却も盛り込まれている。ギリシャは２０１５年までに、５００億ユーロ規模の国有資産の売却・民営化を目指しており、その中には電力、ガス、水道、通信会社など基幹インフラを担う国営企業のほか、空港や風光明媚な海沿いの国有地なども含まれている。

こうしたギリシャの国有資産を巡っては、ドイツを筆頭にロシアや中国などの企業が獲得に動いており、さらに周辺のＥＵ諸国の思惑も絡み合って、複雑な様相を呈していると言われている。バッシーズ教授が懸念するように、ギリシャは今、外資による「乗っ取り」の危機にさらされているのは間違いなく、それは破綻が近くなった国家の定めでもある。

根深いことに、この構図は第二次世界大戦時にギリシャがナチス・ドイツの占領下にあった、という因縁を呼び覚ますことになる。「ドイツによる侵略が、今回は武力ではなく経済的に、再び起きようとしている」。怒ったギリシャ国民の中には「ドイツは第二次世界大戦の賠償金を払え！」と罵る一方、ドイツの雑誌FOCUSは、「ユーロファミリーの嘘つき野郎！」と表紙に中指を立てたアフロディーテ像を掲載した。

その後も、ギリシャは混乱を極めた。タクシーもストで動かなければ、ガソリンの給油も20ユーロまでに制限され、空港、鉄道、銀行、病院が次々と閉鎖されていったのである。

そんな中、ギリシャ政府は自分たちの放漫財政を棚に上げ、危機が収まらない原因としてCDSを強烈に批判。ユーロ加盟によって高い経済成長の恩恵に与《あずか》ったにもかかわらず、赤字削減の努力を怠ってきた責任をすり替えるような発言はどうか、と他国の識者は話すが（実際、EU各国からギリシャ政府は大顰蹙《ひんしゅく》を買った）、CDSを非難したいギリシャ政府の気持ちは、わからなくもない。

CDSとは、クレジット・デフォルト・スワップの略で、国や企業の債券がデフォルト、つまり債務不履行を起こした際に、その損失を肩代わりする金融商品である。言い換えれば、破綻の危機にある企業や国を対象にしたCDSを大量に購入し、実際にその企業や国がデフォルトすれば、巨額の保証料が手に入るので、投機の対象になりやすい。

問題は、ＣＤＳの金利が上がると国債そのものの金利も上がり、国は国債によって借金することが難しくなるという点にある。

実際、今回のギリシャ危機では、アメリカやイギリスのヘッジファンドから投機的な攻撃を仕掛けられて、国債価格の暴落を招いたともいえる。ヘッジファンドと一般的に呼ばれるのは、表に出ることがない私的な投資集団全般のことで、現在、わかっているだけで２００兆円を超えるマネーが獲物を狙って常に動き回っている。彼らのやり方はまさに「ハゲタカ」で、まずギリシャ国債のＣＤＳを低い料率で買い、大量のギリシャ債を空売りで仕込んでおく。その後、ギリシャに危機が訪れるとＣＤＳが高値になるので、そのタイミングで大きく売り抜けるわけだ。アメリカのウォール街とロンドン・シティのヘッジファンドに勤める僕の知人によれば、多くのヘッジファンドが今回のギリシャ危機によって、投資額の5〜10倍に当たる巨額の利益をたった1年で稼ぎ出した、といっていた。

その後、ギリシャ政府の強気の態度（背景には、単一通貨ではないこと、すなわち自ら「ユーロ」を人質に取っていることがある）や、ＥＵによるギリシャ支援の遅れなどが響いて、ギリシャの国債価格の下落は止まらず、２０１０年4月23日、ついに政府はEUと国際通貨基金（ＩＭＦ）に支援を要請することになる。これを受けてEUとＩＭＦは、同年5月2日に、向こう3年間で総額１１００億ユーロの金融支援をすることを発表。さらに5月10日、ＩＭＦとともに総額７５００億ユーロにも及ぶ財政危機国向けの支援基金「欧州金融安定ファシリティ（ＥＦＳＦ）」の設立を決定する。おかげでギリシャは、目前に迫っていた10年物国債の償還、つまり溜まりに溜まった借金（国債）を別の借金（支援金）でどうにか返済し、表面的には国家破綻を回避できることになったが、現実はもう、この時点で破綻したも同然である。

しかし、その余波はアイルランドやポルトガル、そしてスペイン、イタリアへと飛び火し、２０１０年から２０１１年にかけて欧州債務危機はさらに拡大。格付け機関によるギリシャ債の相次ぐ引き下げや、ギリシャのユーロ圏離脱可能性に対するメディアの報道の過熱、そしてギリシャ債を大量保有していた仏・ベルギー合弁の金融大手デクシアの事実上の経営破綻などによって、市場は相変わらず大揺れに揺れ続けた。

２０１１年10月、ユーロ圏首脳会議は民間投資家（民間債権者）との交渉で、ギリシャの債務を50％減免（ヘアカット）することで合意。さらにギリシャへ80億ユーロの融資を行うことを表明する。これは要するに、ギリシャ国債を保有する民間銀行が自発的に元本の50％を放棄する、という意味である。つまりギリシャという国家による借金の踏み倒しが、事実上容認されたのだ。

ギリシャ人エコノミストのニコス・ドゥロッソス氏は、このヘアカットについてとても興味深い話をしてくれた。

「もし債券放棄が本当に50％になったら、ギリシャはおしまいだ」

ドゥロッソス氏によれば、ギリシャ国債はギリシャの銀行が４分の１近くを保有している。もし50％の債券を〝強制的に〟放棄することになれば、政府からの資金注入も得られず、ギリシャの銀行は破綻するだろう。もちろん、そうなればギリシャ債を多く保有するフランスやスペインなどの南欧諸国も無傷ではいられない。

「だからこそ、今回は〝自発的に〟放棄する、という曖昧な発表になったのだろう」

そこにはドイツの本当の思惑が透けて見える、とドゥロッソス氏はいう。

「ドイツはギリシャの破綻をすでに見込んで、受け皿となる金融システムも、引当金も用意している。つまりドイツとしては、ギリシャの危機を使って間接的にフランスに揺さぶりをかけ、欧州の王者になるのが狙いだ」と話す。ドイツに対してよく思っていないギリシャ人のポジション・トークにも聞こえるが、事実、このあとフランスは厳しい局面を迎え、ドイツは欧州一の覇権国家となっていく。

欧州の力学

ここでヨーロッパにおける大きなフレームを再考してみることにしたい。少々乱暴な整理だが、ヨーロッパ大陸はラテン民族中心である「チームフランス」ともいえる南欧諸国（フランス、スペイン、ポルトガル、イタリア、ギリシャ）と、アングロサクソン系である「チームドイツ」と呼ばれる北欧諸国（ドイツ、オランダ、デンマーク、スウェーデンなど）のふたつに大別できる。現在、この南北チームが覇権争いをしており、一応スイスは表面的に中立で、また、欧州大陸から離れ、しかも独自通貨を持つイギリスは、アメリカとタッグを組んでいる、という状況だ。

南北チームは、それぞれ王族やトップ同士が婚姻関係にあり、金融機関も極めて近い関係にある。現在のスペイン王妃がギリシャ人であることは、日本ではほとんど知られていない。同じく、オランダ王の父は、ドイツ人である。これは、婚姻関係を結ぶことで、争いを避けてきた欧州の歴史そのものだ。結果、各国の王室同士や国営企業、金融機関は極めて近しい関係にある。だから「チームフランス」の小国であるギリシャが困れば、ドミノ式にフランス、スペイン、ポルトガル、イタリアは困ることになるのだ。

しかし、本当に連鎖破綻してしまったら、ドイツも困ることになる。それはドイツがギリシャ国債を大量に保有しているだけでなく、同じ通貨圏であるから大暴落は避けなくてはならないし（適度のユーロ安は輸出大国ドイツにとって好都合）、なによりこの危機に乗じて、ギリシャをギリギリ状態に保ち、ドイツが欧州内の覇権を握ることが、本当の目的だからである。

このように、今回の欧州金融危機の根底は、ヨーロッパの南北王族の戦いであり、民族の戦いでもある。表層の金融だけを見ていると、わかりづらいことも多いと思うが、すでに述べたようにギリシャはかつてドイツの侵略を受けた過去がある。つまりギリシャ人は、ドイツ人が国を蹂躙するやり方を、その歴史からよく知っていて、いまだに脳裏に焼きついているからこそ、反応が過激になるのである。

結果、ギリシャ救済への拠出額が最も多い国はドイツになった。これはＥＵ随一の経済大国となったドイツが、フランスを牽制して覇権を握り、ギリシャを事実上の破綻、もしくは段階的破綻に追い込み、その生殺与奪権を完全にドイツが握ったことを示している。今後ギリシャの主だった利益は、ドイツに流れることになるだろう。ドイツとしてはギリシャを「生かさず殺さず」状態にしながら、ＥＵ圏の東への拡大を考えており、また中東にうまく近づく「要所」にしたいと考えている節がある。

すでにこの機を利用して、ドイツはギリシャに太陽光パネルの巨大工場と太陽光発電システムを作っている。ギリシャの安い労働力と南欧の太陽光資源は、代替エネルギー産業で世界一を目指すドイツらしい戦略で、次は生活基本インフラと油田、金鉱をドイツが狙っていると、ギリシャの人々は考えている。

破綻が近づけば、「近しいフリをした」人々が救済策を持って現れ、資産が買い叩かれるのは、企業でも国家でも同じである。また、それを仕掛けようと待ち構えている人も、少なくはない。ドイツの思惑、南北ヨーロッパに横たわる歴史的な大きな溝、そしてギリシャ破綻を巡ってＣＤＳでひと儲けを企む英米のヘッジファンド、そして通貨「ユーロ」を人質に取っているギリシャ。これらが複雑に絡み合っている以上、ギリシャ危機から広がる欧州危機は、根本的な解決を迎えることは、もはや不可能だろう。これはつまり、グローバル金融を舞台にした、21世紀型の世界戦争なのである。

【参考文献／ウェブサイト】
竹森俊平『ユーロ破綻 そしてドイツだけが残った』日本経済新聞出版社
みずほ総合研究所編『ソブリン・クライシス――欧州発金融危機を読む』日本経済新聞出版社
藤原章生『資本主義の「終わりの始まり」――ギリシャ、イタリアで起きていること』新潮社
藤原章生『ギリシャ危機の真実 ルポ「破綻」国家を行く』毎日新聞社
ＪＥＴＲＯレポート「欧州債務危機をめぐる主な動き」（２０１１～２０１３年）
http://www.jetro.go.jp/world/europe/debtcrisis/
「ギリシャ現地リポート　債務危機　そこに生きる人々」時事ドットコム
http://www.jiji.com/jc/v?p=new-special-greece0001

3　キプロスの国家財政破綻

〝マネー〟というモンスターの獲物となったキプロス

そのニュースは、ある日突然やってきた。ギリシャ危機が一段落し、南欧にも明るい兆しが見えはじめた２０１３年３月、キプロス共和国が国家財政破綻する、というニュースが世界中を駆け巡った。このニュースの唐突さは、キプロスの人たちにとっても例外ではなかった。その日まで、なにも知らずに普通に暮らしていた多くの人たちは、国の財政が破綻し、銀行が閉鎖され、自分のお金が引き出せないどころか、その後に事実上預金没収になる日がやってくるとは、まったく考えもしなかったのである。

キプロスは、東地中海に浮かぶ小国で、人口は１００万人に満たない島国である。島国といっても少しばかり複雑な状況があり、１９７４年以来、国家は南北に分断されている。もともとキプロス全土一国でイギリス連邦加盟国であったが、１９７４年にギリシャ併合強硬派によるクーデターをきっかけに、トルコ軍が軍事介入して北キプロスを占領し、さらにトルコ占領地域にトルコ系住民の大半、非占領地域にギリシャ系住民の大半が流入して、国土も民族的にも南北に分断されることになった。南北キプロスの間では国連の仲介により和平交渉が何度も行われ再統合が模索されたが、今も解決を見ていない。

国際的には南側の「キプロス共和国」は国際連合加盟国１９３カ国のうち、１９２カ国（トルコを除く）が国家承認をしている一方、北側の「北キプロス・トルコ共和国」は、トルコ共和国のみが承認する「独立国家」のままで、島の真ん中にはグリーンラインと呼ばれる事実上の国境があり、その緩衝地帯には国連から派遣された平和維持軍が、日々目を光らせている。

その後、南側のキプロス共和国は２００４年に欧州連合（ＥＵ）に加盟、２００８年１月１日から通貨ユーロの導入が始まった。悲劇はここから起きる事になる。

リーマン・ショックを迎える直前、キプロス共和国にユーロが導入された２００８年初頭は、欧州は北から南へ資金が続々と流れ込むユーロバブルの真っただ中であった。

欧州北部各国とそれに便乗したヘッジファンドから、スペインやポルトガルに投資資金が異常なほどに流れ、行き場を失った資金、別名「モンスター」と呼ばれる、投資運用しなければならないマネー（ヘッジファンドなどが高い運用益を出さねばならない資金）は、次の「獲物」を探し、世界中を徘徊していた。そこに通貨ユーロという大きな担保を得たキプロスが登場したのである。世界を徘徊していたモンスターは、一斉にこの小動物に襲いかかることになった。

天国キプロスに地獄の口が開く

もともとキプロスは、地中海を代表する観光地であり、実際ユーロ導入前までは、観光業を含むサービス産業に労働人口の62％が従事し、ＧＤＰの70％をこの産業が占めていた。美の女神として知られるアフロディーテ（ヴィーナス）が生まれた場所といわれ、古い遺跡も数多く残されており、なにより物価が安く、気候が抜群である。今も昔も晴天率は、年間３００日を誇る。天然資源に乏しく、サービス業以外は主だった産業もないが、失業率は４％しかないので、「天国」とも言われていた場所だった。

その「天国」に地獄の口が開いたのは、２００８年1月1日、ユーロ導入の日だった。

この「天国の門」が開くのを目がけて世界中からやってきた資金は、キプロスの金融機関を窓口として、一斉に国中に流れ込んできたのだ。次々と不動産開発が行われ、誰もが安易にローンを組めるようになって、高騰する土地を長期ローンを組んで我先にと購入していった。

そして、ユーロ導入以外にもうひとつ、キプロスには「おいしい果実」がなっていた。格安の法人税である。いわゆる「オフショア」だ。この対義語である「オンショア」とは、大規模な人口を有し、G20やOECDといった国際機関に加盟している高税率の国々を指すが、オフショアは、非課税、もしくは低税率によってフィナンシャル・プランニングおよびリスク・マネジメントが可能で、非居住者にもその利益を供与できる地域や国家を指す。結果的に小国であることが多い。別名「タックス・ヘイヴン」。ドイツやスペインの法人税が30%なのに対し、キプロスは10%以下で、しかもユーロの一員であることから、この国はオフショア金融センターとして、一気に台頭することになっていく。

そこに目をつけたのが、ロシアの富裕層だ。地理的にも近く、気候もよいキプロスは、ロシアの富裕層における「ハワイ」だった。その楽園が、租税回避地としてのサービスを始めたのだから、ロシア人は次々とキプロスにやってきて会社を設立し、銀行口座を開く。その多くは、税金対策目的のペーパーカンパニーだ。そして、大挙して押し寄せたロシア人は、キプロスの風光明媚な土地に別荘を買い求め、それは不動産価格を大きく押し上げることにつながっていった。

一方、キプロスの金融機関も、それまでは考えられなかった大口顧客の到来に沸くことになった。そして、身の丈に遥かに余る資金を運用する必要性が高まり、兄弟国同然のギリシャ国債をせっせと購入していったのである。キプロスは元来、ギリシャ系住民とトルコ系住民の混住する複合民族国家だったが、分断後は事実上、ギリシャ系による単一民族国家となっている。だから、ギリシャとは極めて近しい関係にある。２００８年１月１日のユーロ導入から２年も経たないうちに、ＧＤＰのおよそ15％は、「Unclassified Transaction（使用者不明の送金）」と呼ばれる金融サービスになり、国家資産のおよそ４分の１は、ギリシャ国債となっていた。

危機は再発を繰り返すがんのようなもの

２００８年秋に起きたリーマン・ショックの波及を、よくドミノ倒しのようだと表現するが、実際はゆっくり転移を繰り返すがんのようなものだと僕は思う。ギリシャ危機が表面化したのは、リーマン・ショックから1年以上も経ったあとで、危機は南欧全般に転移し、キプロスが国家財政破綻したのは２０１３年春のことだった。じわじわと転移する危機。その転移したがん細胞はなかなか見つけづらい。そして、この病巣は対症療法によって少しはおとなしくなっているように見えるが、根絶治療を施しているわけではなく、また、その術は、今も見つかっていない。

そして、キプロスにその日はやってきた。２０１３年3月15日、金曜日。キプロス国民は、自国の第一の銀行と第二の銀行が破綻する、と知ることになる。

人々はパニックになった。いったい、この先どうなってしまうのだろう？　多くの人が銀行に押しかけたが、シャッターを閉めたままの金融機関の扉が開かれることは決してなかった。「前の日まで銀行員は住宅ローンを勧め、あれほど愛想がよかったのに」と人々はいう。

キプロス政府は、ＥＵやＩＭＦに救済を求め、夜を徹して会議が行われた。その日、国民は政府の発表をテレビの前で、ひと晩中ただ待つことしかできなかった。翌日3月16日、合意した当初案は、キプロスに最大１００億ユーロの支援を行う代わりに、「すべての銀行預金に課税を行う」という過激なもので、金融市場では、それを「ネガティブサプライズ」と呼ぶことになった。その後、この案はキプロス議会で否決され、事態はさらに大混乱に陥る。

そして、銀行預金の没収

その10日後、２０１３年3月26日に合意した修正案は、大手2銀行（キプロス銀行とライキ銀行）を整理・再編し、10万ユーロ超の大口預金者に破綻処理費用の負担を強いる、という厳しい内容で、これは金融市場にとってもネガティブな内容だった。すなわち、銀行に10万ユーロ以上の預金をしていた者はすべて、10万ユーロ以上は全額没収ということを意味しており、事実上の「資産没収」となったのである。

その後、キプロス中央銀行は、修正案が合意した2日後の２０１３年3月28日に、およそ2週間ぶりに預金封鎖を解き、銀行営業を再開した。だが、小切手の現金化禁止や一日当たりの現金引き出し上限を３００ユーロとし、クレジットカード利用については、キプロス国内は無制限とする一方、海外での使用分については月額５０００ユーロを上限とするとも発表し、海外へ資金が逃げるのを事実上封鎖。また、規模が５０００～20

万ユーロのすべての商業取引の内容を中央銀行が精査し、ダミー取引によって海外へキャピタルフライトできないよう徹底的に管理した。預金封鎖は解けたものの、キプロスは引き続き完全な金融コントロール下にあった。

「30年間働いて貯めてきたお金が、一瞬にしてパーになった！」と、すでにリタイアしたエンジニアはいう。しかし、もうどうすることもできないことは理解している。カフェの店主は「キプロス人は、お金を第一に枕の下に、第二にベッドの下、そして三番目にやっと銀行に預けるものさ。だから、言われるほどダメージはないよ」と、平然といった。また、「この日」を予期していた者は、事前にそっと海外へと資産を移していた。

かつて、スペイン国債の利回りが急騰し、破綻の足音が聞こえたときも、スペイン人は一般市民までもが急遽海外まで出向き、銀行口座を開いて資産を逃がし、政府はその歯止めに必死だった。キプロスも同じで、なんとなくおかしい、と鼻が利く者は、事前に自己資産を他国にこっそり移していたのだ。

ツアーガイドをしていた初老の女性は、「仕事柄、小口現金を持っていたので、助かりました。あのときは、銀行から一切のお金が引き出せなくなってしまった上に、スーパーの食品がみるみるうちになくなって、値段も上がって、どうなってしまうのか、本当に不安でした」と、騒動から1年経って、当時を振り返りながら話す。

金融機関が動かなくなると、あらゆるものが手持ちの現金でしか買えなくなる。クレジットカードもデビットカードも、一切使用できない。各店舗の売り上げは7割減。レストランの予約はほとんど入らず、ガソリンスタンドは顧客から現金しか受け付けないだけでなく、燃料を仕入れることもままならない状態になった。そんな親たちを見た中高生だけのデモも行われた。「教育が受けられなくなる！」、「働くために海外へ出るしかない！」と叫びながら大通りで行進を続けた。

街中では、食べ物が手に入らない人も大勢いた。「EUの一員でありながら、まさか食糧難になるなんて！」と、多くの人たちは「まるで天変地異だ！」と感じていた。

そんな中、キプロスの人に手を差し伸べたのは、教会だった。キプロスは、敬虔なギリシャ正教徒が多くいる国だ。首都ニコシアには、何百年も続くギリシャ正教会が街の中心部にいくつもあり、その教会が食糧難に喘ぐ人々に食べ物を提供し、不安が募るキプロスの人々の精神的支えになっていたのだった。

その後、銀行が国有化され、営業が再開されるとともに、街は徐々に落ち着きを取り戻していくことになる。しかし、緊縮財政は続き、人々の暮らしはその後も厳しい。ローンを払えずに、多くの人が家を取り上げられた。キプロスの人々はプライドがとても高く、物を乞うことを絶対にしてこなかった。だが、今の街角は少し様相が違う。なぜなら、かつて「天国」と呼ばれたほど少ない失業率を誇ったこの国は、失業率が４％から27％に跳ね上がり、20代の若年層だけに限れば40％を超えているのである。

力のある者がおいしいものだけをいただく

キプロス財政破綻からおよそ1年後、僕はキプロスの財務省を訪ねた。いったい、何が原因で、このようなことになってしまったのか、財務大臣補佐官スクラヴォス氏に話をうかがった。

「銀行が、あっと言う間に大きくなってしまったのです。なにしろ、わずか5年間で、国のＧＤＰの10倍も銀行が大きくなっていったのです」。若い官僚は、淡々と説明してくれた。

「同じような状況がアイスランドにもありましたが、アイスランドはアイスランドだけの自国通貨でした。だから、金融政策はすぐに自国内だけで完結できます。しかし、キプロスは違うのです。キプロスの通貨はユーロであり、そのためにトロイカとの交渉が絶対なのです」

この「トロイカ」とは、ＥＵ、欧州中央銀行（ＥＣＢ）、ＩＭＦの三機関のことを指す。かつてギリシャを取材中、エコノミストが「トロイカの仕事は、財政支援のフリをしながら、おいしいところを吸い上げることと、締めつけの監視を徹底すること。企業のＭ＆Ａと同じさ。つぶれかかった会社を買収して、おいしいところだけいただいて、あとは必要ないのさ」と話していたことを思い出した。

若い財務官僚は話を続ける。「トロイカ体制は、２０１５年の３月まで続くことになります。すでに（トロイカの意向を受け）ベイルインしました」

この「ベイルイン」とは、「ベイルアウト」に対する言葉だ。ベイルアウトは、第三者からの財政的な緊急援助などにより破綻危機から救済することを指し、逆にベイルインとは内部から救済するという意味で使われる。銀行の場合、一般的に公的資金注入のことをベイルアウト、逆に銀行自らの負担、つまり預金者も含めて負担するケースがベイルイン、ということになる。キプロスの場合は、10万ユーロ超の預金がベイルイン対象資本とされたことになり、ベイルインとは、預金者からすれば事実上の資産没収を意味する。すなわち、これからの時代、どこの国のどこの金融機関だろうが「銀行に預けたほうも責任が発生する」と理解しなければならない。ベイルインという単語は、このキプロス危機以降、突如世界を席巻し、新しい基準となったのだ。

実際、このキプロスのケースは、今後の欧州、特に南欧のどこかの国が破綻した際のモデルケースになる、と見られている。というのも、ユーロ圏財務相会合議長のダイセルブルーム氏（オランダ財務相）が「今回のキプロス対処方法が他国への支援のひな型（テンプレート）になる」と、思わず失言してしまったからだ。さらにユーロ圏内の銀行が自力で資本増強できない場合、「株主や債券保有者、必要であれば預金保険の対象外の預金者にも負担を求める」と語り、禍根を残す形となった。その後、「キプロスのケースは特殊なケース」と取り繕ったが、欧州に銀行口座を持つほとんどの人たちは、そのように思わなかっただろう。

また、この背景には、ギリシャが危機の際にユーロを人質のようにして、態度を軟化させないこともあったと思われる。「いざとなったら、つぶすこともできる」ということを、ＥＵ首脳陣は、南欧諸国に見せつけたに違いない。

ロシア人は再びタックス天国に舞い戻ってきた

僕がキプロスを訪れようと思ったのは、２０１４年４月のニューヨーク・タイムズのある記事がきっかけだった。そこには、国家財政が破綻し、預金を没収されたロシア人が、破綻から1年後のキプロスに再び戻ってきている、という記事だった。僕は驚きながらこの記事を指し示し、実際はどうなのか、キプロス財務省の官僚に聞いてみた。「キプロスは、財政難とともに、ロシアのマネーロンダリングの温床のような、悪い評判が多く立ちました。しかし実際、私たちはマネーロンダリングに厳しく立ち向かっているのです」と、役人らしい返答を頂戴した。

だが、実態はどうだろう。2014年2月17日ニューヨーク・タイムズ（インターナショナル・ビジネス電子版）によれば、「ロシア人がキプロス、お気に入りのタックス・ヘイヴンに戻ってきた」というタイトルで、多くのロシア人が再びキプロスに戻ってきているとの記事を掲載している。

キプロス政府は銀行預金者（そこには多くのロシア人も含まれている）から預金を没収したが、この国の低い税金は欧州の他国から見てまだまだ魅力的だ。なぜならドイツやフランスの法人税が20％台後半から30％台前半なのに対し、キプロスは上がったとはいえ、12・5％だからである。2014年に設立されたペーパーカンパニーは、1月だけでも1454社もあり、この数字は破綻直後の倍の数字で、しかも、破綻前の201

2年12月より少し多い。この国の人口は１００万人に満たないのに対し、企業はおよそ27万社もあるのだ。この不自然な企業数について、僕は財務官僚に問いただしたが、明確な回答は得られなかった。

農学で博士号を持ち、経済にも詳しいあるキプロス人がいう。「キプロスを破綻させてみて、預金没収（ベイルイン）すると、いったいどうなるのか？　トロイカは実際に実験してみてるんだよ。キプロスの人々は島国で他国に動きづらいし、おとなしいからね。国が本当にお金に困れば、税金を重くしながら、最後に没収すればいいのさ。きっと次はもう少し大きな国で、同じようなことが起きるだろうな。いや、もう一度キプロスかもしれないな」と話してくれた。そして、彼は最後に付け加えた。「でも、フクシマよりマシさ。ここは気候もよく、生きていくには十分な環境がまだあるから」

第3章

デトロイトに見る、アメリカの未来

デトロイト
DETROIT

デトロイト、2013年

アメリカ自治体史上、最大の財政破綻

２０１３年7月18日、アメリカ中央北東部の大都市デトロイトがついに破綻した。「チャプター9」と呼ばれる連邦破産法第9条の適用を申請し、それによると、負債規模は日本円にして1兆８０００億円を超え、アメリカ自治体の財政破綻としては史上最大となった。

１９６０年代にデトロイトは、モータリゼーションの中心地として、また、アメリカ高度経済成長の象徴的な街として、どこよりも華やかな場所だった。世界最大の自動車メーカーであったゼネラルモーターズ（ＧＭ）本社があり、文化的にも「モータウン

（モータータウンの略）・レーベル」発祥の地であり、〝黄金都市〟とまで呼ばれたこともある全米屈指の大都市だった。事実、かつてデトロイトで暮らす人々の平均年収は、全米の平均年収の倍近かったのである。

デトロイトの衰退のきっかけのひとつは、日本の高度経済成長だった。60年代半ばに日本は高度経済成長のピークを迎え、それまで、ほぼ独占状態であったアメリカの自動車産業が、日本製の自動車に攻め入られ、70～80年代に牙城が崩れはじめたことが、デトロイトの衰退を大きく推し進めた。

その後、80年代、90年代と衰退の一途で、テレビでよく日本車を叩き壊すパフォーマンスをやっていたのも、この街デトロイトだった。日本は高度経済成長期に家電製品や自動車を世界へと輸出し、ＧＭなどの自動車メーカーだけではなく、デトロイトという街そのものを凌駕したのだが、歴史は移り変わり、その力はいまや中国などの新興国へと移転している。現在、安価な中国製品は全米のあらゆる産業を圧迫している。かつて、このデトロイトにあった自動車工場の多くは、すでにメキシコへと移ってしまった。時代は移り変わるものである。

地元の経済を支えてきた自動車産業の衰退が長期化し、米国政府や地方自治体もそれなりに支えてきたが、リーマン・ショック後の２００９年には、ＧＭが経営破綻に追い込まれ、ここ数年のデトロイトは、人口減少も著しく、シャッター通りや廃屋が目立つ荒廃した街になっていた。

20世紀のアメリカを代表する街デトロイト。経済と文化の中心を一手に担ったかつての〝黄金都市〟は、多くの人が気がつかない間に、破綻に追い込まれるまでに凋落していたのだ。その破綻宣言から３カ月後、デトロイトの地を訪ねた僕は、想像以上にひどい状況にある街の様子に直面することになる。

〝黄金都市〟から〝犯罪都市〟へ

デトロイト市街のダウンタウン中心部には、過去の栄光の象徴のように「ルネッサンス・センター」がそびえ立っていた。ゼネラルモーターズ本社やマリオットホテル、そして日本領事館も入居している超高層ビルで、周辺には新たなビル群の建設も進み始めている。

しかし、その先へわずか数百メートル歩くと、さびれた商店街とシャッターを下ろしたままの店が続き、やがて、割れた窓ガラスや壁一面の落書きが放置された古いビルが目立ちはじめる。ゴーストタウンと化した住宅街には真っ黒に焼け焦げた空き家が点在し、略奪と放火の爪痕が無惨に残されていた。

こうしたエリアはダウンタウンの中心部をドーナツ状に取り囲む形で広がっており、貧困層が暮らすスラム街と化している。荒廃した街並みにはほとんど人影はない。僕は過去20年間、世界中の危険な街をくぐり抜けるように生きてきた、と自負している。毎夜銃声が聞こえる80年代のニューヨークのダウンタウンや、ロサンゼルスのサウスセントラルをはじめ、危ない街には良くも悪くも慣れているつもりだったが、破綻直後のデトロイトを歩くと、久しぶりに身が引き締まるような懐かしい感覚が戻ってきていた。なにしろ、今のデトロイトの治安の悪さは全米１、２を争うほどで、年間13万件超の犯罪が発生し、検挙率はわずか８・７％しかないのだ。

廃墟や廃屋はギャングのたまり場になり、「シューティング・ギャラリー」と呼ばれるドラッグディーラーの取引の場にもなっていた。かつては市を代表する自動車工場だった建物に一歩足を踏み入れると、ホームレスが残したらしき空き瓶や毛布などのゴミと、がれきが散乱している。天井は引き剥がされ、内壁のコンクリートも削り取られ、金目のものはもちろん、壁の中にある鉄筋まで奪い尽くされた痕跡が生々しく残っていた。スカベンジャー（廃物収集者）たちの標的にされ、略奪の限りが尽くされたその光景は、まさに世紀末である。

いったい、市民はデトロイトの破綻をどう受け止めたのかを知るべく、ダウンタウン中心部でバスを待つ黒人の女性に話を聞いた。すると、破綻公表直後はパニックも暴動もなく、市民は淡々とその事実を受け止めていたという。「破綻が公になったから、これからはきっとよくなると思う」との答えに驚くと同時に納得がいく。デトロイトは、とっくの昔に破綻していたのに、それをごまかし続けていたので、人々の生活は苦しくなるだけだったのだ。

破綻のおかげで、市民は楽になった

こうした背景について話を聞くために、都市農業を推進するＮＰＯ「フード・セキュリティ・ネットワーク」を主宰するマリク・ヤキニ氏を訪ねた。現在、デトロイト市内では食べ物を入手できない人たちも多く、彼はそんな人々に「できるだけ正しい食べ物」を届けることを仕事としている。ヤキニ氏によれば「デトロイトの街は真綿で首を締められるようにじわじわ死んでいった」という。

デトロイトの悲劇の始まりは１９６７年7月、当時史上最大と言われるアフリカ系アメリカ人による人種暴動が起こったことだった。この暴動は、「Blind Pig」という名で知られていた無免許の酒場（この手の店は「アフターアワーズ」と言われている）に対して警察が手入れを行ったことに端を発する。この酒場がデトロイト市の西側の12番街にあったことから、「12th Street Riot」とも呼ばれており、突入した警官隊（主に白人）と店のオーナーや居合わせた客（そのほとんどが黒人）との対決が暴動に発展し、終息までに5日間を要し、死者43人、負傷者１１８９人、逮捕者７２００人という歴史に残る大暴動となった。このデトロイト暴動こそ、デトロイトという街の終わりの始まりになるのである。

この事件をきっかけに、デトロイトでは白人と黒人が社会的に対立構造になり（これは、現在の欧州における移民問題と似ている）、黒人たちによる自宅への襲撃や新たな暴動を恐れた白人たちは、次々と市の中心部から逃げ出していった。この暴動から1年以内に、郊外の安全な場所に拠点を移した者は5万人以上もいた。その中にはGMやクライスラーの経営層も含まれており、この白人たちの大移動は、のちに〝ホワイト・フライト〟と呼ばれることになる。

そして結果的に、黒人貧困層だけが、デトロイトの街中にそのまま取り残されることになっていった。ヤキニ氏の話では、「住民が減ったことで税収は激減、警官の数も減り、治安の悪化した街からは毎年何万もの人が逃げていった。学校もつぶされ、消防車すらなくなってしまった」という。

デトロイト市の人口は最盛期で185万人を記録したが、現在は68万人しかいない。そのうち83%は黒人だ。

どんなに繁栄していた場所でも、人口が減ってしまえば、かつての社会フレームを保つことはできない。大きく作ってしまった器は、すぐに小さくすることはできず、その大きい器のまま維持しなくてはならないが、税収が追いつくことは決してない。これは都市でも国家でも同じである。だが、「異質な者」を入れて安易に人口を増やせば、必ず対立構造が起きる。それによって、住む場所が「ゾーン化」され、結果的に「裕福なエリア」と「裕福でないエリア」が、明確に分かれることになる。そのうち、そのふたつのエリアを行き来することすら難しくなり、「裕福でないエリア」はじわじわと破綻に向かうことになる。この流れはデトロイトに限らない。世界の多くの国や都市は今、分断に向かっているのである。

特にこの街、デトロイトの大きな器＝社会構造とインフラは、形が異様だった。ビッグ3と呼ばれていた米国自動車メーカーが、ロビー活動により「夢ある自動車の街」デトロイトを作り上げるため、既存の公共交通機関をつぶし、車中心の生活都市を築こうと試み、逆にいえば車がなければどこにも移動できない環境を意図的に作り出そうとした。デトロイトには巨大鉄道遺産として知られる廃墟、ミシガン・セントラル駅があるが、これもまた市が破綻するよりずいぶん前に廃駅になっていたのは、自動車産業によるロビー活動に政府が屈したためである。「デトロイトがここまで不幸な街になったのは、自動車産業のお偉方と一緒になって、自分で自分の首を締め続けたその結果にすぎない」とヤキニ氏は淡々と語った。

今もこのように公共交通機関がないため、車を買えない貧困層は移動もままならない。

バスも5本中4本が運休し、いつ来るのかさえわからない。結果、仕事にも仕事を得るための面接にも、職業訓練所にも行けないことになる。街中で派手なグラフィティアートが施されたバスを見かけたが、それは地元住民たちが廃車を利用し、私企業「デトロイトバスサービス」として起業し、立ち上げたものなのだという。

たとえ安価に中古の自動車を買えても、運転していると違反チケットを切られる日々が続き（おそらく、税制が厳しくなり、警察にも交通取り締まりノルマがあって）、しばらくすれば自動車保険も払えなくなる。それでも、仕事に行くために運転を続け、ついには免許証を取り上げられてしまうことが起きると、結局自動車に乗れなくなり、動けなくなってしまうのだ。自動車を中心とした〝黄金都市〟を設計したために、悲劇がさらなる悲劇を呼んでいるのが、現在のモータウン・デトロイトの姿なのである。

しかし、このような「自動車でないと、どこにも行けない」環境は、デトロイトだけではない。米国のほとんどの都市や、日本の地方都市も同じ構造のはずである。駅前が最高の立地だったはずが、社会インフラが変わり、自動車が普及すると、駅前は「シャッター通り」になってしまい、郊外の「モール」が台頭する。そして、光ファイバーと情報デバイスの普及により、今度は自動車などの既存産業や道路というインフラ、そしてモールまでもが終焉を迎えそうなのが、米国の現在の姿である。当然、その産業に従事していた者たちの多くは、職にあぶれることになる。デトロイトでいえば、自動車産業、道路建設業、および古いフレームを維持できなくなったしまった地域のあらゆる職種の人々すべてが、時代変化の大波に呑み込まれることになる。助かったのは「移動できた人々」だけとなったのが、デトロイトの教訓だ。

現在、デトロイト市の失業率は18％。全米平均の８％を大きく上回っているが、失業者が職を探そうにも、面接地まで移動することができない以上、この数字は伸びる一方になるだろう。街に閉じ込められた貧困層は、安くて腹の膨らむジャンクフードばかりを主食にするような生活を続け、それも難しい最下層に至っては州や軍による配給制度に頼るほかない。無論、フードスタンプやフードチケットによる配給にしても、いつまでも続く保証はない。表面的には数字化されていないが、病気になる確率や平均寿命まででも、住む地域によって大きく差が出ていることだろう。ヤキニ氏は問題を抱える人々に有機の食料を届けるフードバンクの運営にも携わっている。彼はいう。「デトロイトは20年かけてゆっくりと死んでいった。だから今、破綻を宣告してくれたおかげで楽になったと誰もが思っている。自ら〝もうお手上げだ〟と宣言しなければ、誰も助けてはくれないからだ」。この談に、市民たちが動揺することなく、むしろ喜ぶように事態を受け入れている現状がよくわかる。

市内の街灯の4割は故障している状況で、夜の街並みは暗闇に包まれている。このような環境の中、寒波でも訪れたら、命を落とす者が多数いても不思議ではない。社会インフラの現状が理解できる一端は、街灯だけでなく、インターネットでも明らかだった。デトロイトの中流程度のホテルでは、インターネットをつなげようと試みても、まともにつながることはない。この街のインターネット環境は、アフリカの小国と同程度だと実感する。デトロイトでは、人々が持つ携帯すら3世代前の状態で立ち止まったままだ。スマートフォンを手にする人を、市内で見かけることは滅多になかった。

マネーゲームの餌にされるデトロイト

市内から白人たちの住む郊外に向かって車を走らせていると、〝8マイルロード〟と書かれた標識が目に入る。ヒップホップMCのエミネムが主演した映画『8マイル』について語っていたことを思い出す。「８マイルロードの道の向こう側には、金持ち連中の暮らすきらびやかな街があるけれど、こちら側は悲惨なゲットー。誰もが一発当てて向こうに行きたいと願っている」と。

彼が話していたとおり、８マイルロードから30分も走れば、突如として超高級住宅街が広がる。これこそがホワイト・フライトによって誕生した、白人たちの住む街だ。荒廃しきった市内とは打って変わって、手入れの行き届いた庭に囲まれた裕福な家々が立ち並ぶ光景は、幸福そのものを象徴しているようであった。

街の中には豪華なショッピングモールもあり、高級ブランドが軒を連ねている。明るく清潔なモール内を闊歩するのは、多くの白人たちとほんのわずかな黒人富裕層だけだ。このコントラストは、すさまじい。わずか30分しか離れていないふたつの街は、同じ国とは思えない。戦場同然のような街で、明日まで生き残れるかどうかわからない人々と、ディスプレイされた高価な靴を指差し、楽しげに笑う人々。救急車を呼んでもいつ来るかわからない街と、市内の７倍もの数の警官たちによって守られている街。いまや米国で格差といえば、所得だけを意味しない。住んでいる「地区」や「スーパー」や「生命維持」さえも、事実上の「階級」によってすべてが異なっているのだ。

これほどまでにデトロイトで地域格差が広がってしまった理由を探るべく、ウェイン州立大学で都市計画の研究をするジョージ・C・ガルスター教授を訪ねた。
「一番の問題は都市設計のミスにある」と彼は話す。「デトロイト市政府の管轄はここまで」という都市の成長の境界線(Growth Boundary)を決めていなかった結果、白人たちは街から外へ外へと逃げ、新しい街を作ることができた。当然、新しい街を一から開発すれば、建設業界を中心に大きく潤う。だからこの裏には、自動車業界や建設業界と政治との癒着もある。街が拡大すればするほど自動車業界や建設業界は潤い、その上、車で30分の距離があれば、移動手段のない貧困層が暴動や略奪を起こしたくても、たどり着くことはできない。だが、そのツケは必ず回ってくる。

ガルスター教授によれば、「まず都市の成長の境界線を決めることが重要であり、その中に民間の企業をたくさん招いて税金が入るようにしなければならない」という。境界線がなければ、どこまでも街は広がる。しかし、逆に境界を定め、産業も市民もそこから外へ出れば行政の管轄外としてサービスを受けられなくなるとしたら、嫌でも内側に残らざるを得ない。人口流出による過疎化も税収減も、防ぐことができたはずなのである。結果、世界では今、成長境界線を定めた「コンパクトシティ」に注目が集まるようになってきている。

デトロイトでは今、財政破綻で年金を支払うことができなくなった市に対して、市民が裁判を起こしている。財政が悪化しても、市は財政緊縮を考えず、公務員ＯＢに向けた手厚い年金や医療保険の制度を見直すなどの策を講ずることはしなかった。その問題の先送りの結果、年金問題は財政を圧迫し続けてきたのである。

現在、デトロイトで一番大きな権限を持っているのは、州知事から市の立て直しを命じられた非常財政管理官のケビン・オーア氏だが、年金問題を解決するための資金をかき集めるため、市の資産を次々に売却しているのだという。この非常財政管理官は、一般的にいえば破産管財人にあたる。

すでに、市が運営するカジノまでイギリスのバークレイズ銀行などに売り払われようとしており、それが実現すれば、カジノ収入などの税収は、市ではなく銀行にそのまま入ることになる。米国内の銀行にデトロイト市の公共施設が売却されると問題になるので、あえて海外の金融機関に売却されるとみられている。マスコミは〝デトロイトが他国の銀行に乗っ取られる〟と書き立てているが、それでも資産を売るしかない状況であり、破綻によって儲かる者が必ずいることも、忘れてはならない。
だから、この破綻をチャンスだと捉える者もいるという。すなわち「破綻によって儲けよう」とする者である。

現在、格安になったデトロイトの資産目がけて、世界各地から投資会社やベンチャーキャピタルが集まり、街の資産を次々と買い漁っている。そのため、逆に人口は増えつつあり、そうした意味では、ダウンタウンの中心部は活況を呈し始めているという、不思議な現象が起きている。ガルスター教授から「クイッケンローンズという会社はこれまでに1000億円を投じて、市の所有地を買い占めてきた。すでに市政府に次いでデトロイト市内の不動産資産を保有する存在にまでなっている」と聞き、件の会社を訪ねることにした。

クイッケンローンズ・グループのベンチャーキャピタルの社長、マッド・カレン氏に話を聞く機会を得た。カレン氏はデトロイトの生まれで、ゼネラルモーターズ社で29年働いた後、このベンチャーキャピタルの社長になった。彼は「デトロイトは今がチャンスだ」と話す。

なぜなら、土地の値段が安い上に、ミシガン大学があるため、企業が欲しがる優秀な人材もたくさんいるからだという。デトロイトが金融業界の餌食になっている現状はあるものの、そうでもしなくては立ち直れないこともまた事実なのは確かだ。

市もまた、税収対策のために、個人向けにわずか1ドルという破格の値段で市内の家を売りに出している。1ドルはアメリカにおける契約書の最低成立条件と同じ額で、つまり、市の狙いは売却益ではなく、契約書に記された〝購入した家に3年間住むこと〟という条件にある。そこには、少しでも住民を増やして新たな税収を得ようという目論見がある。

カレン氏は、現在のデトロイトについて「荒廃しているのはダウンタウン周辺のみ。中心部では再開発が進み、すでに活性化が始まっている」と語った。新しいビルが建設され、店も次々とオープンしているのは、そうした背景があってのことである。

身の丈に合った生活が一番

デトロイトが再興に向かっているのは間違いない。しかし、取り残された貧困層が今後いったいどうなるのか、まだ見えてくる様子はまったくない。社会活動家のシャカ氏は、かつてドラッグディーラーであったという。殺人の罪で19年間服役したあと、その出自を生かしてこの荒廃した地域の中に入り込み、街を歩き回って不良少年たちを立ち直らせるための指導をするアクティビスト兼作家として活動をしている。そんな彼も、「破綻したからこそ、これからがとてもエキサイティングだ」と語る。一般市民が市の財産の所有権を簡単に手に入れられるこの状況は、やり方次第では大きなチャンスに変えられるというのだ。

とはいえ、学校もどんどんなくなって子供たちを教育する場も失われているため、比較的裕福な家庭の親たちは市内から逃げ出しているという現実もある。それもまた人口減少に拍車をかけている上、行き場をなくした貧困層の子供たちは、ギャングやドラッグディーラーになるしかない。悪いスパイラルを抜け出すには、根本的な改革が必要なのである。この街が破綻に向かった原因は、人種や貧富の格差によってエリアが分断されたことに端を発する。だからこそ、黒人、白人という人種の隔たりをなくすことはもちろん、古くからこの街に住み続ける人々も新しく流入してくるビジネスパーソンたちも、共存していくことが大事なのだと彼はいう。

「これからの時代、すべての人間が〝建設的共存〟をしていくことがカギになってくる。そうでなければいずれまた無理がくる」とヤキニ氏も語る。

だが、裕福な白人たちが、同じように思っているかどうかはわからない。むしろ、裕福な白人たちはさらなる分断を試み、荒廃した街を安価で取り上げ、そこに住む人たちを一掃しようとしているのではないか、と僕には思えてならない。

現在の市の負債は１８０億ドルにまで膨れ上がっているが、それは市が放漫経営を続けてきた結果なのは間違いない。騙し騙しの市政を20年以上も続ける中、市民たちは苦しみ続けたのだ。だが、これはデトロイト市だけの話だろうか？

デトロイトで過ごす中、ヤキニ氏もガルスター教授も共通して「サステイナブル（＝持続可能）であることが大切」と話していたことが印象的だった。

日本でサステイナブルといえば、自然環境やエネルギー問題の話になるだろう。しかし、ここデトロイトでサステイナブルといえば、人間の生活環境そのものを指す。大きなサステイナブルでいえば、国家や地域が税収などの収入に対し、適正な支出が行われていなければサステイナブルといえず、どこかで必ず破綻を迎えることになる。小さなサステイナブルでいえば、個人個人がそれぞれの収入に対し、借金や無理なローンを重ねず、適正な支出を保たなければ、どこかで必ず破綻を迎えることになるということだ。

「身の丈に合った生活が一番である」と語るヤキニ氏は、ある日、収入がなくなったとしても、最低限の生活を続けていける基盤があるかどうかが重要であると考えている。こんな街でも庭を耕し、野菜が収穫できるような暮らしをしていれば、どうにか食ってはいけるという。そのため、彼は今、ダウンタウンの最下層エリアに住み、子供たちにサステイナブルな暮らしをするための教育を続けている。

また、ガルスター教授は「政府や地域に多額の借金があること自体が持続可能とはいえない」と語っていた。これからの時代は、環境だけでなく経済も人々の生活も、持続可能であることが求められているが、それを声高に話す者はほとんどいない。なぜなら、持続可能であることは、もはや不可能で、世界に戻る道はないからである。デトロイトの市民が皆、「王様は裸だ」と誰かがいってくれるのをずっと待っていたのと同じように、今、世界は「王様は裸だ」と誰かがいってくれるのを待っているのかもしれないが、その声は絶対安全地帯にいる者の圧力によって、長い間、表に出ることはない。それがデトロイトの教えだ。

破綻後の世界にはチャンスもある

２０１３年12月３日、デトロイト市に対して連邦破産法第９条の適用が認められた。７月に行った更生申請がようやく認められ、これにより、巨額な債務の再編に向かう大きな障害が取り除かれた。今後は連邦破産法の保護下で再建に向かう。

一筋の希望を示して結びとしたいところだが、残念ながらそうはいかない。なぜなら、これはあくまでデトロイトという一都市だけの話ではすまないからだ。

前述のベンチャーキャピタルの社長カレン氏は、「デトロイトは〝炭坑のカナリア〟だ」と話していた。米国経済が危険な領域に入ったことで、デトロイトは真っ先に死んだが、今後は他の都市でも同じようなことが起きると彼は予想している。このままいけば、シカゴやフィラデルフィアも危ないという。２０１３年10月、アメリカが債務の上限に直面してデフォルト寸前の状況に陥り、世界が騒然となったことは記憶に新しい。

アメリカはデフォルトを望んでいるのか?

今、アメリカは非常に厳しい財政状況にある。政府債務残高は、2014年に表面化しているだけでも18兆ドルを超えており、1ドル=100円で単純計算をしても1800兆円という気の遠くなる数字で、その金利を支払うことさえままならない。しかし、アメリカでは、国家における債務=借金の上限が法律により定められており、議会を通さねば債務の上限を引き上げることはできない。つまり、これ以上の借金はできないということだ。議会が「NO」という結論を出せば、連邦支出を劇的に削減するか、極端な増税策をとる以外に方法はなくなる。だが、このふたつを同時に実現したとしても、必要とする資金には遠く及ばず、どこかでデフォルトを宣言せざるを得ない可能性は年々高まっている、と多くの識者は見ている。

アメリカにおけるデフォルト最大の危機と囁かれた2013年10月には、債務上限の引き上げを巡る与野党の激しい応酬がなされ、来年度の予算が成立しないままに議会は終わった。その結果、約80万人もの国家公務員に給料を支払えないことになり、政府機関の一部は2週間にも及んで閉鎖されることになった。

アメリカの自由の象徴である自由の女神像をはじめ、グランドキャニオンなどの国立公園、スミソニアン博物館など、実に４０１カ所もの観光施設に立ち入ることができないという驚くべき事態が世界一の大国で起きたのを忘れてはならない。世界中が固唾を呑んで見守ったこの顚末だが、一時的な債務上限引き上げに議会が合意して、暫定予算が成立したことにより、瀬戸際でデフォルトを回避することとなった。

しかし、これはあくまで一時的なものにすぎないことは、多くの者が理解するところとなる。２０１４年2月7日にはアメリカ国債発行の上限到達日が、さらに2月27日には財務省による緊急資金繰りの期限が迫っていた。このとき、ルー財務長官が「２月７日に議会が連邦債務上限引き上げに合意できなければ、27日以降、まもなくデフォルトする可能性がある」と警告したほどの水際であったが、２月12日、議会が連邦債務上限を無条件で引き上げる法案を可決し、再び危機を逃れたのである。

この背景には二大政党の政治的抗争もあるが、事実は事実だ。アメリカは明らかな債務超過国家である。さらに、金融関係の一部の人々は「アメリカが、どこかのタイミングをもってデフォルトをすれば儲かるのではないか」と考えている。デトロイトの顚末からもわかるが、ツケが回って苦しむのは何も知らない一般市民であり、そのアメリカの一般市民ですら、最近は「デフォルトすればむしろすっきりしてよい」と考えている人が急増している。アメリカには、倒産企業がやり直すための連邦破産法「チャプター7」というものがあり、日本と違って「今までの借金をチャラにして一から始めよう」という考え方は決して悪いものではないとされている。すなわち、余力があるうちに、アメリカ主導でルールを変えて一回リセットしたい、と考えている人たちが年々増えているのが、現在のアメリカの真の姿なのである。果たして、デトロイトは、〝炭坑のカナリア〟なのか？　その解答は、これから10年も経たないうちに、誰もが目にすることになるだろう。

【参考文献／ウェブサイト】
「デトロイトから見える日本の未来」『ＷＥＤＧＥ』２０１３年12月号　ウェッジ
「アメリカの政府債務残高の推移」世界の経済・統計　情報サイト『世界経済のネタ帳』
http://ecodb.net/country/US/imf_ggxwd.html
「デトロイト市が財政破綻、米地方自治体として過去最大」ロイター２０１３年7月19日
http://jp.reuters.com/article/topNews/idJPTYE96H08N20130718
「米デトロイト市は『明らかに支払い不能』状態、債務再編などで対応する必要＝緊急時財政管理者」ロイター２０１３年5月14日　http://jp.reuters.com/article/domesticEquities4/idJPJT83422402013O513
「自由の女神など再開へ　各州が支援」CNN.co.jp２０１３年10月13日

http://www.cnn.co.jp/usa/35038456.html
「米政府機関閉鎖で止まる業務と続く業務」THE WALL STREET JOURNAL２０１３年9月30日
http://jp.wsj.com/news/articles/SB10001424052702304827404579106432809869374
「ドル反落、政府機関閉鎖の景気への影響に焦点移る＝ＮＹ市場」ロイター２０１３年10月18日
http://jp.reuters.com/article/jp_forum/idJPTYE99G07U20131017
「米、２月27日以降まもなくデフォルトの可能性＝ルー財務長官」ロイター２０１４年２月８日
http://jp.reuters.com/article/idJPTYEA1608J20140207
「債務上限引き上げ問題と歳出の強制削減（米国）」（ＩＴＩ客員研究員・桜美林大学名誉教授滝井光夫）一般財団法人国際貿易投資研究所（ＩＴＩ）http://www.iti.or.jp/flash166.htm
「視点・論点『オバマ大統領と〝ティーパーティー〟』」ＮＨＫ解説委員室　解説アーカイブス
https://www.nhk.or.jp/kaisetsu-blog/400/170938.html
『用語集』ＦＸＣＭジャパン証券　http://www.fxcm.co.jp/support/word/k1pgmk000000qebz.html
『英和和英辞典・生命保険用語辞典』weblio　http://ejje.weblio.jp/content/Chapter7
「コラム『グラム・リーチ・ブライリー法再考』」大和総研　http://www.dir.co.jp/library/column/091116.html
「米国における金融制度改革法の概要」（２０００年）日本銀行レポート・調査論文
https://www.boj.or.jp/research/brp/ron_2000/ron0001a.htm

おわりに

「松方デフレ」の再検証

最後に、日本で過去にあった「松方デフレ」と呼ばれるものを、ここであえて見直してみたい。これは、僕が実際に見てきたものではないが、人々の欲望が変わらないかぎり、歴史は繰り返されるということは、過去四半世紀にわたり、各国の国家財政破綻の現状を目の当たりにしながら実感したことである。金融政策を決めるのは、時の政治家であり、その政治家が「どこかの利益代表」であることも、多くの国で共通している事実である。

日本は過去に何度も歴史的デフレやインフレに陥ってきたが、その中でも、1882年頃から始まった「松方デフレ」は、日本におけるひとつの歴史的教訓に思える。土地も米も株価も、永遠に右肩上がりになることはなく、無理な金融政策をすれば、そのツケが「倍返し」となって襲ってくるのは、歴史の教えである。

明治時代に起きたこのデフレは、日本最後の内戦とされる西南戦争に端を発している。明治政府は、西郷隆盛率いる反乱軍を倒す戦費を調達するため、大量の紙幣を乱造した。増え続ける財政赤字を埋めるため、政府紙幣を大量に刷ることでファイナンスしたのだ。お金を刷りまくれば貨幣の価値は当然下がるため、その後に待っていたのは、極端な物価の高騰、つまり急激なインフレだ。

特に、当時の投機対象であった米は異常な値上がりを記録した。その背景には、投機的な米の取引で潤った豪農・豪商が、さらなる投機を繰り返す状況があったのだろう。

この後、インフレの収束を図るため、デフレ誘導の財政政策をとったのが松方正義であった。1882年に日本銀行を誕生させた松方は、それまで流通していた信用度ゼロの不換紙幣を、正貨の裏付けのある兌換紙幣、つまり日本銀行券とそっくり入れ替えることで、銀本位制を確立しようと目論んだ。

そこで、まず行ったのが酒税や煙草税の引き上げ、醤油税や菓子税、株式取引所仲買人税の新設などの大増税だ。また、経費節減のため、官営工場の民間払い下げなども促進した。そして、この政策は、ゆるやかに下降していた景気に追い打ちをかけ、やがて民衆を過酷なデフレ不況の渦に叩き落とすことになる。

そのきっかけとなったのは地租納期の繰り上げであった。当時の農民たちは、米の値上がりを期待してギリギリまで売り控えることが慣例となっており、その間の生活は高利の借金でまかなっていた。松方は増税と並行する形で納期繰り上げを行ったため、農民たちはこぞって大量の米を売り急いだ。投機に沸いていた米価は大暴落し、多くの農民は大打撃を受けることになったのだ。

米価バブルの崩壊で大打撃を受けた自作農の人々は、地租を払えず農地を手放すことになり、次々と小作農へと転落していった。すなわち、中産階級がいなくなったのだ。もともと小作農であった貧困層には餓死者も出るほどの惨状となり、都市部でもまた、士族や小規模商工業者の失業、貧困化が進んでいくことになった。その一方では、高利貸しが借金のカタに農地を差し押さえ、地主や豪農がそれを買い取るという、富める者がさらに富む構図が生まれていった。また、官営工場の払い下げにより、三井、三菱、古川などが、その後の財閥形成の足がかりを得たのもこの時期である。大企業は優遇され、その規模は大きくなっていったのだった。

豪農と高利貸しのみが生き残り、それ以外の者はすべて小作農に転落する。この構造は、今の世界の構造と酷似しており、資本家と金融業者のみが生き残り、多くの者は会社の奴隷のように働かせられる〝社畜〟のごとき労働者となる。この層が次第に増えている。インフレとその抑制政策を間違えたとき、それが必ず起きることは歴史の教えだ。アメリカ然り、日本然り、貧富の二極化は決して避けられないことなのである。

さらに、松方デフレの後、何が起きたかと言えば、「企業勃興」が到来し、財閥が力をつけ、やがて戦争へと向かう。大陸中国との戦争「日清戦争」へと突入することになるのだった。

アメリカでは、富の格差が大きな問題として社会的に認知され、２０１２年の米国経済白書によると、アメリカ全体の富のうち、上位１％が占める富は、１９７３年には８％だったが、２０１０年には24％に達していたという。日本もアメリカ同様の未来が待っているのは、間違いない。

フランスの経済学者、トマ・ピケティの『21世紀の資本論（Capital in the Twenty-First Century）』によれば、資本主義において、持つ者と持たざる者の格差は拡大し続けるものだと、過去200年にわたる数値データを用いて論証している。ピケティは、国の経済成長率（資本収益率と株式や土地など、資本を投資に回した際の利益率）を歴史的に比較し、資本収益率のほうが高いとき、お金が資本家のもとにどんどん集まっていく、と史実から説明している。よって、格差が拡大する、というのだ。

すなわち、経済成長率が低くなった国家では、お金は持っている者だけに集まり、貧富の差は拡大するのは歴史の教えであり、それを是正するのは大きな社会的変化、顕著なのは戦争だ、とピケティは言う。

近年の日本の歴史でいえば、第二次世界大戦によって、資本家の持つ富が破壊され、また、戦後には財閥解体などが行われたため、格差は著しく減少した。そして戦後しばらくは、経済成長率が高かったため、格差の拡大が抑えられていた。しかし、1980年代から再び格差は拡大し始め、今、100年前の水準に戻りつつあるという。

世界を実際に見て回って僕が感じているのは、21世紀初頭の現在、人類はふたつの敵と戦っているということだ。ひとつは、テクノロジーだ。つい数年前まで、効率的な投資先を目指して、多くの人たちは情報をいち早く入手し、いち早く投資をしてきた。しかし、今その仕事はコンピュータに取られている。現代の金融問題を鋭く論じるベストセラー作家、マイケル・ルイスの最新刊『FLASH BOYS』にあるように、高頻度取引（ＨＦＴ）と呼ばれるスーパーコンピュータが、高速で投機を繰り返し、その速度に人類は追いつくことができなくなってしまったのが現在である。

このようなテクノロジーによって、中間層と呼ばれていた先進国の大多数は貧困に向かい、プルトクラート（超富裕層）と呼ばれる、世界の０・０１％の人と、そうではない人にはっきり分かれることになる。僕の言葉で言えば、テクノロジーを使いこなす人と、小さなデバイスやそこに表示されることの虜になって我を見失ってしまうような、テクノロジーに溺れてしまう人や使いこなせない人との違いだ。この差は、ますます開くだろう。

そして、もうひとつは通貨政策以上に大きく膨らんだ、人間の飽くなき欲望との戦いである。

本書の「はじめに」には、僕自身が１９８０年代の日本のバブル経済を見てきた話を書き記しているが、崩壊の序章では、誰もが「今は状況が悪くても、必ず戻る」という。どんなに株価が暴落しても、また生活が苦しくなっても、「しばらくすれば戻る」と皆が口を揃えていっていた。しかし、戻ることなど決してなく、社会は大きく変化することになる。世間の様子がどこかおかしい、と肌で感じたとき、それまでの考え方と距離を置かなければならなかったはずなのに、「やがて戻る」「どうにかなる」と、楽観的に思い込んでいた彼らは、自分を見失っていき、気がつくとそれは大きな社会的混乱へとつながっていった。

四半世紀を通じて、さまざまな国家破綻を目の当たりにしてきたが、ずるずると欲望や時の流れに身を任せていた人々は淘汰されることになった。それとは逆に、今までの暮らし向きを瞬時に切り替えた人々は、大きな時代の渦に巻き込まれることなく、粛々と生活を続けることができているように思う。常に自分を見失わず、自分なりの「異変」を感じたら、誰に何と言われようが、即座に変わり身すること。大きな社会変化が差し迫った時代の中で、生き延びる秘訣はそれに尽きると、僕は思っている。

2014年6月　バルセロナにて　高城 剛

デザイン　村沢尚美（NAOMI DESIGN AGENCY）
取材・編集協力　庄司里紗／上野真理子
出版プロデュース　久本勢津子（CUE'S OFFICE）

高城《たかしろ》 剛《つよし》

1964年、東京都葛飾区柴又生まれ。日大芸術学部在学中に「東京国際ビデオビエンナーレ」でグランプリ受賞後、メディアを超えて横断的に活動。自身も数多くのメディアに登場し、NIKE、NTT、パナソニック、プレイステーション、ヴァージン・アトランティックなどの広告に出演。総務省情報通信審議会専門委員など公職歴任。2008年より、拠点を欧州へ移し活動。現在、コミュニケーション戦略と次世代テクノロジーを専門に、創造産業全般にわたって活躍。著書に『ヤバいぜっ! デジタル日本』(集英社新書)、『「ひきこもり国家」日本』(宝島社新書)、『オーガニック革命』(集英社新書)、『私の名前は高城剛。住所不定、職業不明。』(マガジンハウス)、『グレーな本』(講談社)などがある。

世界《せかい》はすでに破綻《はたん》しているのか？

2014年9月30日　第1刷発行
2014年11月9日　第2刷発行

著者　高城《たかしろ》　剛《つよし》

発行者　加藤　潤

発行所　株式会社　集英社
〒101-8050
東京都千代田区一ツ橋2-5-10
編集部　03-3230-6068
読者係　03-3230-6080
販売部　03-3230-6393（書店専用）

印刷所　図書印刷株式会社

製本所　株式会社ブックアート

集英社ビジネス書公式ウェブサイト　http://business.shueisha.co.jp/
集英社ビジネス書公式Twitter　http://twitter.com/s_bizbooks（@s_bizbooks）
集英社ビジネス書 Facebook ページ　https://www.facebook.com/s.bizbooks

ISBN 978-4-08-786050-4　C0095